聚焦星空
潘君骅传

叶青 朱晶 著

老科学家学术成长资料采集工程
中国工程院院士传记丛书

1930年	1949年	1956年	1960年	1971年	1975年	1998年	2000年
生于上海吴淞	入读清华大学	赴苏联普尔科沃天文台留学	入职中国科学院长春光学精密机械研究所	关注非球面问题	担任216项目技术总体组组长	216项目获国家科技进步奖一等奖	当选中国工程院院士

聚焦星空

潘君骅 传

老科学家学术成长资料采集工程
中国工程院院士传记 丛书

叶青 朱晶 ◎ 著

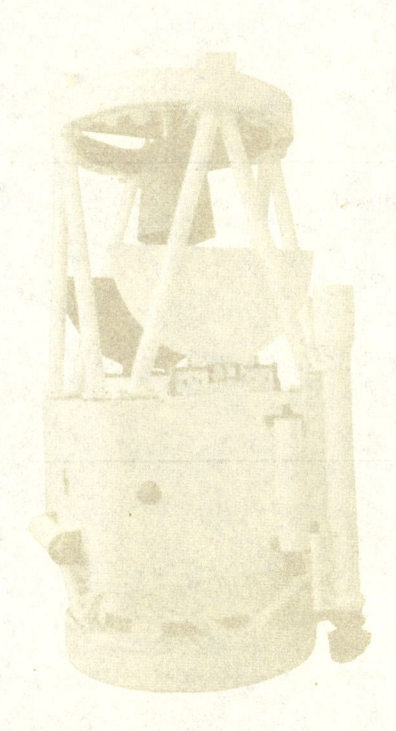

中国科学技术出版社
上海交通大学出版社

图书在版编目（CIP）数据

聚焦星空：潘君骅传/叶青，朱晶著. —北京：中国科学技术出版社，2018.9

（老科学家学术成长资料采集工程丛书　中国工程院院士传记丛书）

ISBN 978-7-5046-8158-4

Ⅰ.①聚… Ⅱ.①叶… ②朱… Ⅲ.①潘君骅-传记 Ⅳ.① K826.11

中国版本图书馆 CIP 数据核字（2018）第 225266 号

责任编辑	韩　颖
责任校对	焦　宁
责任印制	李晓霖
版式设计	中文天地

出　　版	中国科学技术出版社　上海交通大学出版社
发　　行	中国科学技术出版社发行部
地　　址	北京市海淀区中关村南大街 16 号
邮　　编	100081
发行电话	010-62173865
传　　真	010-62179148
网　　址	http://www.cspbooks.com.cn

开　　本	787mm×1092mm　1/16
字　　数	256 千字
印　　张	15.5
彩　　插	2
版　　次	2019 年 1 月第 1 版
印　　次	2019 年 1 月第 1 次印刷
印　　刷	北京华联印刷有限公司
书　　号	ISBN 978-7-5046-8158-4 / K·247
定　　价	80.00 元

（凡购买本社图书，如有缺页、倒页、脱页者，本社发行部负责调换）

老科学家学术成长资料采集工程领导小组专家委员会

主　任：杜祥琬

委　员：（以姓氏拼音为序）

巴德年　陈佳洱　胡启恒　李振声
齐　让　王礼恒　王春法

老科学家学术成长资料采集工程丛书组织机构

特邀顾问（以姓氏拼音为序）

樊洪业　方　新　谢克昌

编委会

主　编：王春法　张　藜

编　委：（以姓氏拼音为序）

艾素珍　崔宇红　定宜庄　董庆九　郭　哲
韩建民　何素兴　胡化凯　胡宗刚　刘晓勘
罗　晖　吕瑞花　秦德继　王　挺　王扬宗
熊卫民　姚　力　张大庆　张　剑　周德进

编委会办公室

主　任：孟令耘　张利洁

副主任：许　慧　刘佩英

成　员：（以姓氏拼音为序）

董亚峥　冯　勤　高文静　韩　颖　李　梅
刘如溪　罗兴波　沈林苣　田　田　王传超
余　君　张海新　张佳静

老科学家学术成长资料采集工程简介

老科学家学术成长资料采集工程（以下简称"采集工程"）是根据国务院领导同志的指示精神，由国家科教领导小组于2010年正式启动，中国科协牵头，联合中组部、教育部、科技部、工信部、财政部、文化部、国资委、解放军总政治部、中国科学院、中国工程院、国家自然科学基金委员会等11部委共同实施的一项抢救性工程，旨在通过实物采集、口述访谈、录音录像等方法，把反映老科学家学术成长历程的关键事件、重要节点、师承关系等各方面的资料保存下来，为深入研究科技人才成长规律，宣传优秀科技人物提供第一手资料和原始素材。

采集工程是一项开创性工作。为确保采集工作规范科学，启动之初即成立了由中国科协主要领导任组长、12个部委分管领导任成员的领导小组，负责采集工程的宏观指导和重要政策措施制定，同时成立领导小组专家委员会负责采集原则确定、采集名单审定和学术咨询，委托科学史学者承担学术指导与组织工作，建立专门的馆藏基地确保采集资料的永久性收藏和提供使用，并研究制定了《采集工作流程》《采集工作规范》等一系列基础文件，作为采集人员的工作指南。截至2016年6月，已启动400多位老科学家的学术成长资料采集工作，获得手稿、书信等实物原件资料73968件，数字化资料178326件，视频资料4037小时，音频资料4963小时，具有重要的史料价值。

采集工程的成果目前主要有三种体现形式，一是建设"中国科学家博物馆网络版"，提供学术研究和弘扬科学精神、宣传科学家之用；二是编辑制作科学家专题资料片系列，以视频形式播出；三是研究撰写客观反映老科学家学术成长经历的研究报告，以学术传记的形式，与中国科学院、中国工程院联合出版。随着采集工程的不断拓展和深入，将有更多形式的采集成果问世，为社会公众了解老科学家的感人事迹，探索科技人才成长规律，研究中国科技事业的发展历程提供客观翔实的史料支撑。

总序一

中国科学技术协会主席 韩启德

  老科学家是共和国建设的重要参与者，也是新中国科技发展历史的亲历者和见证者，他们的学术成长历程生动反映了近现代中国科技事业与科技教育的进展，本身就是新中国科技发展历史的重要组成部分。针对近年来老科学家相继辞世、学术成长资料大量散失的突出问题，中国科协于2009年向国务院提出抢救老科学家学术成长资料的建议，受到国务院领导同志的高度重视和充分肯定，并明确责成中国科协牵头，联合相关部门共同组织实施。根据国务院批复的《老科学家学术成长资料采集工程实施方案》，中国科协联合中组部、教育部、科技部、工业和信息化部、财政部、文化部、国资委、解放军总政治部、中国科学院、中国工程院、国家自然科学基金委员会等11部委共同组成领导小组，从2010年开始组织实施老科学家学术成长资料采集工程。

  老科学家学术成长资料采集是一项系统工程，通过文献与口述资料的搜集和整理、录音录像、实物采集等形式，把反映老科学家求学历程、师承关系、科研活动、学术成就等学术成长中关键节点和重要事件的口述资料、实物资料和音像资料完整系统地保存下来，对于充实新中国科技发展的历史文献，理清我国科技界学术传承脉络，探索我国科技发展规律和科技人才成长规律，弘扬我国科技工作者求真务实、无私奉献的精神，在全社会营造爱科学、学科学、用科学的良好氛围，是一件很有意义的事情。采集工程把重点放在年龄在80岁以上、学术成长经历丰富的两院院士，以及虽然不是两院院士、但在我国科技事业发展中作出突出贡献的老科技工作者，充分体现了党和国家对老科学家的关心和爱护。

自2010年启动实施以来，采集工程以对历史负责、对国家负责、对科技事业负责的精神，开展了一系列工作，获得大量反映老科学家学术成长历程的文字资料、实物资料和音视频资料，其中有一些资料具有很高的史料价值和学术价值，弥足珍贵。

以传记丛书的形式把采集工程的成果展现给社会公众，是采集工程的目标之一，也是社会各界的共同期待。在我看来，这些传记丛书大都是在充分挖掘档案和书信等各种文献资料、与口述访谈相互印证校核、严密考证的基础之上形成的，内中还有许多很有价值的照片、手稿影印件等珍贵图片，基本做到了图文并茂，语言生动，既体现了历史的鲜活，又立体化地刻画了人物，较好地实现了真实性、专业性、可读性的有机统一。通过这套传记丛书，学者能够获得更加丰富扎实的文献依据，公众能够更加系统深入地了解老一辈科学家的成就、贡献、经历和品格，青少年可以更真实地了解科学家、了解科技活动，进而充分激发对科学家职业的浓厚兴趣。

借此机会，向所有接受采集的老科学家及其亲属朋友，向参与采集工程的工作人员和单位，表示衷心感谢。真诚希望这套丛书能够得到学术界的认可和读者的喜爱，希望采集工程能够得到更广泛的关注和支持。我期待并相信，随着时间的流逝，采集工程的成果将以更加丰富多样的形式呈现给社会公众，采集工程的意义也将越来越彰显于天下。

是为序。

总序二

中国科学院院长　白春礼

由国家科教领导小组直接启动，中国科学技术协会和中国科学院等12个部门和单位共同组织实施的老科学家学术成长资料采集工程，是国务院交办的一项重要任务，也是中国科技界的一件大事。值此采集工程传记丛书出版之际，我向采集工程的顺利实施表示热烈祝贺，向参与采集工程的老科学家和工作人员表示衷心感谢！

按照国务院批准实施的《老科学家学术成长资料采集工程实施方案》，开展这一工作的主要目的就是要通过录音录像、实物采集等多种方式，把反映老科学家学术成长历史的重要资料保存下来，丰富新中国科技发展的历史资料，推动形成新中国的学术传统，激发科技工作者的创新热情和创造活力，在全社会营造爱科学、学科学、用科学的良好氛围。通过实施采集工程，系统搜集、整理反映这些老科学家学术成长历程的关键事件、重要节点、学术传承关系等的各类文献、实物和音视频资料，并结合不同时期的社会发展和国际相关学科领域的发展背景加以梳理和研究，不仅有利于深入了解新中国科学发展的进程特别是老科学家所在学科的发展脉络，而且有利于发现老科学家成长成才中的关键人物、关键事件、关键因素，探索和把握高层次人才培养规律和创新人才成长规律，更有利于理清我国科技界学术传承脉络，深入了解我国科学传统的形成过程，在全社会范围内宣传弘扬老科学家的科学思想、卓越贡献和高尚品质，推动社会主义科学文化和创新文化建设。从这个意义上说，采集工程不仅是一项文化工程，更是一项严肃认真的学术建设工作。

中国科学院是科技事业的国家队，也是凝聚和团结广大院士的大家庭。早在1955年，中国科学院选举产生了第一批学部委员，1993年国务院决定中国科学院学部委员改称中国科学院院士。半个多世纪以来，从学部委员到院士，经历了一个艰难的制度化进程，在我国科学事业发展史上书写了浓墨重彩的一笔。在目前已接受采集的老科学家中，有很大一部分即是上个世纪80、90年代当选的中国科学院学部委员、院士，其中既有学科领域的奠基人和开拓者，也有作出过重大科学成就的著名科学家，更有毕生在专门学科领域默默耕耘的一流学者。作为声誉卓著的学术带头人，他们以发展科技、服务国家、造福人民为己任，求真务实、开拓创新，为我国经济建设、社会发展、科技进步和国家安全作出了重要贡献；作为杰出的科学教育家，他们着力培养、大力提携青年人才，在弘扬科学精神、倡树科学理念方面书写了可歌可泣的光辉篇章。他们的学术成就和成长经历既是新中国科技发展的一个缩影，也是国家和社会的宝贵财富。通过采集工程为老科学家树碑立传，不仅对老科学家们的成就和贡献是一份肯定和安慰，也使我们多年的夙愿得偿！

鲁迅说过，"跨过那站着的前人"。过去的辉煌历史是老一辈科学家铸就的，新的历史篇章需要我们来谱写。衷心希望广大科技工作者能够通过"采集工程"的这套老科学家传记丛书和院士丛书等类似著作，深入具体地了解和学习老一辈科学家学术成长历程中的感人事迹和优秀品质；继承和弘扬老一辈科学家求真务实、勇于创新的科学精神，不畏艰险、勇攀高峰的探索精神，团结协作、淡泊名利的团队精神，报效祖国、服务社会的奉献精神，在推动科技发展和创新型国家建设的广阔道路上取得更辉煌的成绩。

总序三

中国工程院院长　周　济

由中国科协联合相关部门共同组织实施的老科学家学术成长资料采集工程，是一项经国务院批准开展的弘扬老一辈科技专家崇高精神、加强科学道德建设的重要工作，也是我国科技界的共同责任。中国工程院作为采集工程领导小组的成员单位，能够直接参与此项工作，深感责任重大、意义非凡。

在新的历史时期，科学技术作为第一生产力，已经日益成为经济社会发展的主要驱动力。科技工作者作为先进生产力的开拓者和先进文化的传播者，在推动科学技术进步和科技事业发展方面发挥着关键的决定的作用。

新中国成立以来，特别是改革开放 30 多年来，我们国家的工程科技取得了伟大的历史性成就，为祖国的现代化事业作出了巨大的历史性贡献。两弹一星、三峡工程、高速铁路、载人航天、杂交水稻、载人深潜、超级计算机……一项项重大工程为社会主义事业的蓬勃发展和祖国富强书写了浓墨重彩的篇章。

这些伟大的重大工程成就，凝聚和倾注了以钱学森、朱光亚、周光召、侯祥麟、袁隆平等为代表的一代又一代科技专家们的心血和智慧。他们克服重重困难，攻克无数技术难关，潜心开展科技研究，致力推动创新发展，为实现我国工程科技水平大幅提升和国家综合实力显著增强作出了杰出贡献。他们热爱祖国，忠于人民，自觉把个人事业融入到国家建设大局之中，为实现国家富强而不断奋斗；他们求真务实，勇于创新，用科技为中华民族的伟大复兴铸就了辉煌；他们治学严谨，鞠躬尽瘁，具有崇高的科学精神和科学道德，是我们后代学习的楷模。科学家们的一生是一本珍贵的教科书，他们坚定的理想信念和淡泊名利的崇高品格是中华民族自强不息精神的宝贵财富，永远值得后人铭记和敬仰。

通过实施采集工程，把反映老科学家学术成长经历的重要文字资料、实物资料和音像资料保存下来，把他们卓越的技术成就和可贵的精神品质记录下来，并编辑出版他们的学术传记，对于进一步宣传他们为我国科技发展和民族进步作出的不朽功勋，引导青年科技工作者学习继承他们的可贵精神和优秀品质，不断攀登世界科技高峰，推动在全社会弘扬科学精神，营造爱科学、讲科学、学科学、用科学的良好氛围，无疑有着十分重要的意义。

中国工程院是我国工程科技界的最高荣誉性、咨询性学术机构，集中了一大批成就卓著、德高望重的老科技专家。以各种形式把他们的学术成长经历留存下来，为后人提供启迪，为社会提供借鉴，为共和国的科技发展留下一份珍贵资料。这是我们的愿望和责任，也是科技界和全社会的共同期待。

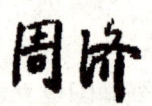

周济

潘君骅

2014年11月7日,潘君骅(中)与采集小组成员在苏州大学校园合影

2014年7月7日,潘君骅(右一)与苏州大学档案馆馆长钱万里(左一)、采集小组负责人朱晶(中)在档案馆核对档案

序

　　回顾一生，想说的事很多，一是轨迹，二是感悟。轨迹好写，只要记忆尚可，有日记最好；而感悟比较复杂，方面太多，角度各异，有时连自己也把握不准哪些是真实的、牢固的，哪些是一时的、表面的，所以只能多思量，择其深刻者记之。

　　从历史的角度看，我的童年是在中华大地东南一隅度过的，那段时间相对还算太平。七七事变爆发后，家庭就开始八年离乱、流亡生活。我的父母重视子女教育，当时的政府也重视，即使是在日寇铁蹄之下，也尽可能办流亡学校，几间茅屋就可以上课。所以在八年中，我能读完小学、初中和高中。不过读过的学校就很多了，计小学4所、初中3所、高中4所。1949年我进入大学，开始有强烈的但相当混乱的求知欲。三年的大学学习使我进入了知识分子行列，在当时的意识形态教育中接受了许多新的人生观、世界观。1952—1956年，我在长春，是政治运动逐渐升温的年代，虽然相对而言还比较温和，但占用了太多工作时间，直到后来领导部门主动提出要保证每周六分之五的业务工作时间。

　　1956年9月，出乎自己预料，我被送去苏联学习，从机械专业改为天文光学。当时心里想的是，一定要努力学习，绝不能给国家丢脸，这条信念支撑了我四年孤独的异乡生活，最后总算学到了一点专业知识，回国后，也真正派上了用场，终于可以报效国家。可以负责地说，如果不是我把在苏联学到的知识用到光机所当时研制的电影经纬仪的光学系统制造中，150任务想在那时达到400千米的观测距离是完全不可能的。苏联方面也很满意我这个中国留学生，研究生导师马克苏托夫在毕业鉴定书上写了"非常满意"的字句。论文答辩会主席麦尔尼可夫在俄文报纸上发了短文，表扬了我的工作。

1960—1966年是中华大地将遭狂风暴雨席卷的前夕，只会"低头拉车"的我，还沉湎于研究工作方向等"小事"的纠结中。这时的政治气氛主要是强调阶级斗争，活学活用，树立绝对权威。到"第一张马列主义大字报"出笼，顿觉满天迷雾，不知所从。在这些日子里，思想上唯一的避风港就是考虑技术问题，所以境况变好以后，才能马上做不少技术革新的事。

到1973年左右，我又成为军管会的"改造知识分子"的典型，二度获先进工作者称号。之后，1975年先是出乎意料地被派出国，参加向民主德国订购1米望远镜的工作，后又参加了国内216望远镜研制工作，然落叶归根思想挥之不去，先以出差方式去南京天文仪器厂工作，直到1980年终于被调到南京天文仪器厂。由于前期未真正介入216工程，进入角色需要一点时间，只能靠自己加倍努力，加之216组内人员矛盾重重，以至于天仪厂书记王刚亲口对我说："组内矛盾很多，你不要表态。"但是有的技术问题，如果有责任心的话，是不能不表态的。另外，我正式介入216工作时，仪器的总体方案已定，几个吨级大部件的加工，已和上海的厂家签了合同，不可能大改。组内设计分工也已划定，有遗漏的技术交叉环节很难明确应属于谁。所以我的指导思想是：首先要把握住涉及仪器大局的设计问题，非改不可的，一定要改；其次是遗漏的设计问题，只要是光学和机械方面的，我自己来做。科学院的部门领导对216任务是很重视的，多次到南京参加有关技术会议。经过大家几年的艰难努力，216望远镜终于在1989年下半年运到北京兴隆山上，并在当年就开始与法国天文学家一起进行国际联测。

在做216工作时，没有占用我的全部时间，我还开拓了不少光学系统中非球面的应用，如总参二部的战场侦察车光学系统；北京 508 所的资源卫星主光学系统；合肥中国科学技术大学同步辐射用的轮胎面光学件加工；离轴非球面的单件加工；和薛鸣球院士一起，强力主张在 921 任务中应用非球面等。在做非球面实际工作的同时，我不得不深入到非球面的设计理论。为此，20 世纪 90 年代初，在夫人的敦促与鼓励下，我于 1994 年出版了《光学非球面的设计、加工与检验》一书，颇受同行欢迎。在老同事薛鸣球的"鼓动"下，1999 年我第二次申报中国工程院院士并获得通过。2000 年被返聘到苏州大学工作直到现在。

最后，我要向编著此书的两位年轻人——朱晶和叶青致以纯挚的谢意，她们负责、认真、不厌其烦地改稿，令我十分感动。

潘君骅

2017 年 2 月 10 日

目 录

老科学家学术成长资料采集工程简介

总序一 ……………………………………………………… 韩启德

总序二 ……………………………………………………… 白春礼

总序三 ……………………………………………………… 周　济

序 ………………………………………………………… 潘君骅

导　言 …………………………………………………………… 1

| 第一章 | 无忧的童年　战乱中求学 ………………………………… 7

　　快乐的童年时光 …………………………………………… 7
　　小学上了四所学校 ………………………………………… 11
　　初中上了三所学校 ………………………………………… 17
　　高中又上了四所学校 ……………………………………… 23

记忆深刻的南洋模范中学 …………………………………… 31

第二章 | 结伴北上　选择清华 …………………………………… 34

　　入读清华园 ……………………………………………………… 36
　　参加天文学习会 ………………………………………………… 38
　　清华园的三年大学生活 ………………………………………… 42

第三章 | 得偿所愿　分到仪器馆 …………………………………… 50

　　中国科学院的集中学习 ………………………………………… 50
　　仪器馆初建 ……………………………………………………… 53
　　初到长春的工作 ………………………………………………… 57
　　仪器馆时期的交流与学习 ……………………………………… 63
　　母亲去世 ………………………………………………………… 64

第四章 | 留学苏联　提出"潘氏法" ………………………………… 65

　　脱产学俄文 ……………………………………………………… 65
　　在普尔科沃天文台留学 ………………………………………… 67
　　留学时期的学术交流 …………………………………………… 73
　　导师马克苏托夫 ………………………………………………… 77
　　磨镜子 …………………………………………………………… 80
　　"潘氏法"及其应用 ……………………………………………… 83

第五章 | 重回长春　启程技术光学 ………………………………… 87

　　60# 和 150# 任务 ……………………………………………… 88
　　刀口阴影检验仪 ………………………………………………… 91
　　参与研制红外分光光度计 ……………………………………… 94
　　参与研制半导体激光器 ………………………………………… 95
　　参与 541 任务 …………………………………………………… 99
　　在困难中行进 …………………………………………………… 101

第六章 | 殚精毕力　主持216工程 ············ 107

为60厘米中间试验望远镜做光学设计 ············ 108
负责216工程总体技术 ············ 110
研制折轴阶梯光栅分光仪 ············ 124
成果鉴定及应用 ············ 128

第七章 | 重回故土　调至南京天仪厂 ············ 135

研制大口径平行光管 ············ 136
参与研制资源1号卫星 ············ 139
研制侦察车镜头 ············ 141
参与921相机项目 ············ 144

第八章 | 老骥伏枥　任职苏州大学 ············ 146

高空大气探测激光雷达的接收望远镜 ············ 146
远距离夜视观察系统及能动抛光盘 ············ 147
掠射X射线望远镜物镜 ············ 148
参与国防研究工作 ············ 150
提出泛卡塞格林系统 ············ 152

第九章 | 著书立说　倡导非球面系统 ············ 154

非球面的加工和检验 ············ 155
数控非球面铣磨机 ············ 158
出版《光学非球面的设计、加工与检验》············ 161

第十章 | 国际交流　引领学科发展 ············ 165

助力国际学术交流 ············ 166
倡导成立光学测试专业委员会 ············ 172

　　　　个性化培养学生 ································· 175

结　语 ··· 180

附录一　潘君骅年表 ································· 187

附录二　潘君骅主要论著目录 ························· 213

参考文献 ··· 217

后　记 ··· 219

图片目录

图 1-1	潘君骅母亲朱贞慧家的家庭合影	8
图 1-2	1960 年潘父在嘉兴老家前院中	9
图 1-3	1960 年潘君骅拍摄的嘉兴老家后门的小河人家	9
图 1-4	1933 年竖屋日在嘉兴外婆家竹林边	9
图 1-5	1934 年潘君骅在浙江嘉兴南湖中的烟雨楼留影	10
图 1-6	上小学时,潘君骅与母亲、哥哥合影	11
图 1-7	全家逃难至莫干山	13
图 1-8	逃难时大家族合影	13
图 1-9	1941 年潘君骅小学毕业照	17
图 1-10	潘君骅的父亲潘蔚岑和母亲朱贞慧	27
图 1-11	潘君骅家族逃难返回老家时留影	28
图 1-12	16 岁时的潘君骅	28
图 1-13	1946 年逃难结束重返故乡时,潘君骅全家在嘉兴望吴小筑家中合影	29
图 1-14	2004 年潘君骅参加南洋模范中学同学聚会合影	33
图 2-1	上大学前母亲给潘君骅手工缝制的鞋袜	35
图 2-2	潘君骅手书《游子吟》	35
图 2-3	潘君骅清华大学学籍卡	36
图 2-4	1949 年入学时,潘君骅与同学在宿舍明斋前合影	37
图 2-5	1949 年 10 月 1 日,清华大学机械工程系学生参加开国大典	38
图 2-6	1952 年潘君骅清华大学成绩单	43
图 2-7	1950 年,潘君骅与同学在清华大学图书馆前合影	44
图 2-8	1950 年,潘君骅与同学吴文晶在清华大学操场上	44
图 2-9	1950 年,潘君骅为石油总局描图时与机械系同学合影	45
图 2-10	潘君骅清华大学本科毕业证书	47

图 2-11	1952 年 7 月，清华大学 52—53 届机械工程系毕业生一组合影	48
图 4-1	1956 年全国十二年科学发展规划全体工作人员合影	66
图 4-2	1957 年，中国科学院留苏研究生在列宁格勒附近的普希金城留影	68
图 4-3	1958 年秋，普尔科沃天文台组织农村劳动	69
图 4-4	1990 年潘君骅访问苏联时与普尔科沃天文台同学潘娜等合影	69
图 4-5	1959 年留苏时期，潘君骅夫妇合影	70
图 4-6	1959 年留苏时期，潘君骅夫妇在普尔科沃天文台合影	70
图 4-7	潘君骅在苏联普尔科沃天文台攻读副博士学位时的学籍成绩	71
图 4-8	潘君骅参加苏联第一颗人造卫星上天观测所获得的证书	72
图 4-9	1957 年 10 月 4 日，潘君骅在观测人造卫星	73
图 4-10	1957 年 11 月 20 日，潘君骅在普尔科沃天文台为人大代表团做翻译	74
图 4-11	1957 年苏联 ГOMЗ 工厂送给潘君骅的相机	75
图 4-12	20 世纪 50 年代，潘君骅在苏联光学工厂实习	76
图 4-13	1958 年，潘君骅在莫斯科参加第 10 届国际天文学年会	77
图 4-14	1960 年，潘君骅与导师马克苏托夫合影	80
图 4-15	1956 年，潘君骅在光学车间实习磨镜子	81
图 4-16	潘君骅副博士论文答辩通过时的鉴定证书	84
图 4-17	潘君骅获得的苏联科学院普尔科沃天文台副博士学位证书	85
图 5-1	1962 年潘君骅与上海照相机厂工作人员在长春合影	93
图 5-2	潘君骅为红外分光光度计设计的专门机床	95
图 5-3	潘君骅于 1964 年 4 月在吉林做砷化镓通话试验时与同事合影	97
图 5-4	20 世纪 70 年代潘君骅参与讨论的 KM4 太阳模拟器	102
图 5-5	潘君骅在光机所研制的激光球面干涉仪	104
图 6-1	1958 年建成的 60 厘米望远镜	109
图 6-2	潘君骅在上海新沪玻璃厂验收 2 米微晶玻璃时与同事合影	116
图 6-3	1988 年，2.16 米天文望远镜出厂前工作人员合影	121
图 6-4	1989 年，2.16 米天文望远镜运送到北京天文台兴隆站后工作人员合影	122
图 6-5	1989 年落成典礼时的 2.16 米天文望远镜	123
图 6-6	1980 年，潘君骅在澳大利亚 Siding Spring Anglo-Australia 天文台 3.9 米天文望远镜圆顶前留影	125

图 6-7	1989 年，潘君骅在 2.16 米天文望远镜落成典礼上与王大珩合影	131
图 6-8	2.16 米天文望远镜和折轴阶梯光栅分光仪的获奖证书	132
图 7-1	2000 年资源 1 号红外多光谱扫描仪主光学装置获国防科学技术奖二等奖证书	140
图 7-2	潘君骅参观资源 1 号卫星影像图展	140
图 7-3	战场电视侦察设备望远摄像机	142
图 7-4	1999 年，潘君骅在厦门做侦察车研制试验	143
图 7-5	20 世纪 90 年代，潘君骅参加 921 侦察相机评审会时作报告	145
图 8-1	2006 年潘君骅研制的远距离夜视观察系统	148
图 8-2	潘君骅担任 863-410 主题"大口径非球面轻质主镜研制"项目工程总监的聘书	151
图 8-3	潘君骅担任 863-806 重大专项专家组顾问的聘书	152
图 9-1	1982 年 7 月，光学非球面加工技术交流研讨会全体代表合影	155
图 9-2	2004 年，潘君骅与吴锦明在数控铣磨机设计成功时合影留念	159
图 9-3	直径 600 毫米数控非球面铣磨机全景照	160
图 9-4	直径 600 毫米数控非球面铣磨机验收报告与合格证书	160
图 9-5	1994 年出版的《光学非球面的设计、加工与检验》封面	162
图 9-6	王大珩对潘君骅著作的评价意见	163
图 10-1	1975 年 6 月 28 日，考察小组五人在布加勒斯特自由公园合影	166
图 10-2	1977 年 11 月 20 日，在联邦德国参观 Leitz 厂	167
图 10-3	1977 年 11 月 8 日，在联邦德国参观 PETRA	168
图 10-4	1980 年在美国参加"九十年代光学及红外望远镜"会议	169
图 10-5	1980 年在澳大利亚 Sydney 天文台最高处留影	171
图 10-6	1980 年 3 月，在澳大利亚考察时合影	171
图 10-7	中国光学学会第一届光学测试专业委员会委员聘书	173

导　言

　　潘君骅，祖籍江苏常州，1930年出生于上海吴淞。中国工程院院士，著名应用光学专家，从事光学仪器的科研工作，在光学非球面系统研究领域取得了重大进展。

　　1952年毕业于清华大学机械工程系。1956—1960年在苏联科学院列宁格勒普尔科沃天文台读研究生，学习天文光学，获副博士学位。1952—1980年在中国科学院长春光学精密机械研究所工作。1980—1993年在南京天文仪器研制中心工作至退休。2000年接受返聘，任职于苏州大学现代光学技术研究所。

　　早在20世纪50年代后期留学苏联期间，潘君骅提出了大望远镜二次凸面副镜新的检验方法，并实际应用于苏联6米望远镜和中国60厘米望远镜及2.16米天文望远镜的副镜检验；20世纪60—70年代，在长春光机所为中国研制大型靶场光学设备建立了一套光学加工和检测技术，保证了中国大型靶场光学仪器获得优良光学成像质量，并对各种光学非球面的设计、精密加工及检验方法进行了卓有成效的研究，解决了光学加工的关键技术难题。到南京天仪厂后，他主持完成中国和当时远东最大的"2.16米光学天文望远镜"并获1997年中国科学院科技进步奖一等奖和1998年国家科技进步奖一等奖，"折轴阶梯光栅分光仪"获1998年中国科学院科技进步奖二等奖。近几年，潘君骅还研制了多种特殊非球面光学仪器和设备，取得了显著的社会效益和经济效益。

潘君骅的求学和研究经历丰富。虽然他在清华大学期间就读的是机械工程系，但是通过天文学习会这样的学生社团，丰富了天文学知识，培养了自己对天文学的爱好。在苏联留学期间，师从苏联科学院通讯院士马克苏托夫，经过正规的天文光学训练，潘君骅完成了从一个天文光学爱好者到研究者的转变，从此与天文光学结缘。

对潘君骅的求学经历、教育背景与学术经历进行考察，还原科学家之间的师承关系、学术传承，可以发掘对科学家学术成长起到推进和促进作用的关键人物和因素，探索科学家对研究、创新、人才培养等问题的看法。而对潘君骅学术成长过程中的学术成就、兴趣领域、认知与思维风格、研究动机等方面进行探讨，可以为发掘他在科学思维、科学方法以及科学工具创新等方面的中国特征提供广阔背景。通过这些细致考察，可以对中国科学家进行科学研究，对中国的科技教育与人才培养、国际学术交流的模式等提供借鉴和启示。

关于潘君骅的学术成长经历，我们尽可能全面检索了公开发表的中外文献和出版物。其中，与潘君骅有关的传记包括《中国科技人才大辞典》《中华人物大典》《中国世纪专家·两院院士中国工程院院士》《中国工程院院士自述》《南京年鉴2000》等重要工具书和权威辞典等文献；《共和国院士回忆录》《科教兴国》《江苏科技群英志》《江苏留学回国人员风采录》《龙城骄子——常州籍院士》《常州名人》《苏州年鉴2010》《钟楼区志1986—2002》等书籍。报道包括《人民日报》《中国青年报》《北京日报》《新华日报》《中国科学报》《苏州日报》《常州日报》《南通日报》等各类报刊。此外，还有潘君骅的学生胡建军、钱煜对他的研究工作的总结。首都师范大学的李艳平教授就中国第一代半导体激光器的研制过程对潘君骅进行了访谈。但是，这些材料大都是对潘君骅生平与研究成果的专题介绍或简短介绍，不够翔实，缺乏对潘君骅学术成长经历各个具体环节的细致考证与系统研究。除此之外，迄今尚未发现对潘君骅学术成长特点或科研风格的学术探讨。

在尚未公开出版的出版物中，潘君骅本人完好保存的各个历史时期的日记、手稿和工作笔记给我们提供了非常丰富的一手资料。此外，我们通过对潘君骅本人以及相关人物的多次访谈、实物资料的采集来补充、考证潘君骅学术成长的重要历史细节，凸显潘君骅学术成长的舞台。

对潘君骅及其相关人物进行访谈，是我们启动最早且历时最长的一项工作。在项目启动之前，我们便开始在全面调研已有公开发表和未公开发表资料的基础上，对潘君骅进行正式和非正式的访谈，访谈次数达38次之多。另外，我们正式对潘君骅的学生钱煜、胡建军、朱永田、朱日宏等，其同事或同行干福熹院士、王之江院士、姚骏恩院士、张礼堂、卢国琛、刘禄、李德培、孙宝生、付跃昌、韩昌元等，潘君骅清华大学的同学兼合作者吴锦明等人进行了访谈，共获得音频资料2310分钟、视频资料1313分钟。通过访谈，我们尽可能发掘潘君骅学术成长经历的具体细节，重点厘清了已有文献材料中未记录、记录不详以及有出入的内容。

在档案查阅方面，我们在长春、南京、苏州和北京四地进行了查阅与采集，包括长春光机所档案室、中科院南京天文仪器有限公司档案室、苏州大学档案馆、中国科学院档案馆、清华大学档案馆等，尽可能完整地搜集了潘君骅求学和工作期间的档案资料。

潘君骅家中保存的大量珍贵材料为我们提供了稀见的信息。特别是潘君骅多年的工作笔记、日记和大量手稿，如留苏时读的俄文书《天文光学》读书笔记，1956年天文光学之制造与研究等文献笔记，留苏时整理记录的有关望远镜的计算公式和工艺，留苏期间的文献笔记（样板法检验等），研制60厘米反射望远镜时的光学设计与光学计算记录，1961年民主德国2米万能望远镜的资料等相关文献笔记，其他与望远镜相关的文献笔记、"文化大革命"时期的工作笔记、2.16米天文望远镜研制系列工作日记等；与马克苏托夫、王大珩、龚祖同、唐九华、王之江、杨世杰等科学家的通信，1956年全国十二年科学远景规划全体工作人员合影，1975年赴民主德国考察1米RCC反射望远镜的考察纪事，1977年访问联邦德国时期的工作笔记，1977年民主德国1米镜交货谈判以及2米望远镜研制笔记，光谱仪研究与1980年澳大利亚考察笔记，1980年参加美国"九十年代光学及红外望远镜"会议的工作笔记、折轴光谱仪研制工作笔记、侦察车后期工作笔记、1990年访苏记录、921相机研制工作笔记等。

通过采集，我们获得大量实物资料，其中数字化950件、实物原件491件、实物非原件105件，总计7517页。这些采集工作不仅呈现出潘君骅学术成长过程的丰富细节，还补充和完善了如下信息：20世纪30—40年代中国初高等教育在江苏和上海的具体状况，包括课程设置、考试要求、学生就业等；20世纪50年代中国留苏学生出国前的选拔、准备、资金筹措、国外学习和生活以及50年代留苏学生群体的状况及具体细节；20世纪50年代中国光学界的科研条件和科研状况，尤其是天文光学在中国本土化的具体研究工作细节及启动216大望远镜的缘起；中国天文光学从20世纪50年代迄今各个不同阶段，中国天文光学科研条件与国际交流的具体细节，包括仪器设备的引进等；中国科学在改革开放后的国际化进程，特别是在国际化过程中遇到的阻挠与对策等。这些资料有益于考察并呈现世界天文光学学科的发展历程、中国科学与科学教育发展的大背景、中国科技政策变化的国际大背景。我们也期望通过这些资料的研究，深入地理解潘君骅的求学、教育、科学研究与科学思想背景。

作为老科学家学术成长资料采集工程项目之一的成果专著《聚焦星空：潘君骅传》，致力于在对老科学家学术成长资料进行全面系统的收集整理以及分析研究的基础上，探讨科学家在科学思维、科学方法和科学工具等方面取得创新的基础与方式，考察其学术成长的重要环节和影响因素，为科学家学术思想的发展提供一种理解方式。

在研究方法上，我们尽可能地借用科学哲学、认知科学、科学史、科学社会学等领域关于科学研究方法、科学创新思维等方面的概念工具与理论，通过潘君骅在不同时期的学术成长特征，考察潘君骅的科学方法形成的智识环境，潘君骅的研究方法和研究成果对该学科科学研究和社会生活产生的影响，以期在更广阔的意义上探讨天文光学、天文仪器研究的社会环境、历史条件和建制化过程以及国家的科技政策对潘君骅科学方法与成就的影响。

在研究报告的结构安排上，我们以时间为纵线，以潘君骅学术成长的重要时间节点和阶段作为章节划分的标准。同时，按照潘君骅学术研究方面的思想脉络与成果类别以及潘君骅学术组织与交流方面的主要贡献进行系统叙述。

采集小组在一年多的采集工作中，受益于潘君骅院士的充分信任与帮助，潘先生在接受采访时畅所欲言，并在采集工作后期欣然同意将他保存多年的很多珍贵学术资料无偿捐赠。这些资料，极大地丰富了采集小组的成果。

在采集和研究过程中，苏州大学档案馆、清华大学档案馆的工作人员为我们提供了潘君骅求学期间的各种档案材料。长春光机所、南京天文仪器有限公司档案室、中国科学院档案馆为我们提供了潘君骅工作期间的档案材料。干福熹、王之江、姚骏恩、张礼堂、韩昌元、卢国琛、吴锦明、朱日宏、朱永田、胡建军、钱煜、李德培、付跃昌、孙宝生和刘禄等在百忙之中接受了我们的访谈，潘君骅的哥哥潘君乾除了接受访谈，还细致认真地帮我们核实了书稿前两章的一些细节问题。潘君骅的老同学吴锦明先生除接受访谈外，还为我们提供了珍贵的历史资料。没有这些帮助和鼓励，采集工作将难以进行。在此，我们一并表示感谢。

第一章
无忧的童年　战乱中求学

1930年10月14日，潘君骅出生于上海吴淞，祖籍江苏常州。父亲潘蔚岑（1888—1982），字树勋，是中国最早的西医之一，毕业于天津北洋海军医学堂。母亲朱贞慧（1893—1955），字振威，出身于嘉兴朱聚元缸甏行，家境较富裕。早先学体操，后学助产，结婚后操持家务。

潘君骅是家中最小的孩子，上有3个哥哥、1个姐姐。大哥潘君牧（1919—2006），毕业于上海交大土木系，曾参与黔桂铁路建设。二哥潘君拯（1922—），1941年考入上海交大机械工程系，新中国成立后在南京农业大学农业机械系任教。姐姐潘君昭（1924—1992），毕业于复旦大学中文系。三哥潘君乾（1928—），北京农业大学畜牧系毕业，后一直留校任教。

快乐的童年时光

清末民初，潘君骅的父亲潘蔚岑就读于上海南洋公学中院，毕业后赴湖南长沙师范学校执教。在长沙，潘蔚岑认识了第一任妻子范慕英①。范慕英当时在长沙周南女子学校任体育教师,是在湖南担任体育教学的第一位女教师,对湖南学校体育运动的倡导起着不可泯灭的作用②。二人结婚后,潘蔚岑考入在天津的北洋大学医学校(后称北洋海军医学堂),是中国最早一批学西医的学生之一③。北洋海军医学堂可免学费,妻子范慕英跟着一起到天津工作,靠教书维持全家生计,让潘蔚岑得以专心念书。

图1-1 潘君骅母亲朱贞慧家的家庭合影(摄于19世纪末,左二为潘君骅生母朱贞慧,左三为潘君骅外婆)

潘蔚岑大学毕业后就职于上海海军医院,院址在上海郊区张华浜,于是他把家安在上海吴淞。此时,范慕英已生下长子潘君牧和次子潘君拯。

---

① 范慕英(1892—1924),浙江嘉兴人,1908年毕业于上海女子师范学堂体育专修科。1910年参加沪军女子北伐敢死队,随军西征。1912年应长沙周南女子学校创办人朱剑凡之聘,任该校体育教员,是湖南省女体育教师之始。

② 马毅君,李淑媛:湖南最早的女体育教师——范慕英女士。见:湖南省体育文史办公室编,《湖南体育史料第4辑》,1984年,第6页。编委会:《湖南名人志第1卷》,北京:中国档案出版社,1999年,第812页。

③ 陈元晖,高时良,黄仁贤:《中国近代教育史资料汇编洋务运动时期教育》。上海:上海教育出版社,2007年,第587页。

1924年，范慕英在生长女潘君昭时，因产褥热去世。1927年，经范慕英的兄嫂介绍，潘蔚岑与第二任妻子朱贞慧（1893—1955）结婚，育有潘君乾和潘君骅二子。

1932年"一·二八"淞沪会战后，潘蔚岑举家迁居浙江嘉兴，先住在南门徐家埭，随后搬入北门秀城桥附近新建的住房。新建的房子是借用潘君骅舅舅2900块银圆造的，离外婆家很近，沿河一转弯就到了。

二层小楼的新家北临运河，楼下西面是大客厅，方砖铺地，用木质屏门和临河的楼梯间隔开；客厅西墙外是厨房，后门外有石级可下到河岸，可停泊船只；东面是书房，有木地板，书房后面是临河的水阁，夏天特别舒适。楼上东面是大卧室，站窗边可以看见河，夏天吹来东风特别凉爽。大卧室北面隔出一小部分当储藏室。西面是小卧室，其北面一小间也可放一张床。

房子的南面是一个小院

图1-2　1960年潘父在嘉兴老家前院中（潘君骅拍摄，图片由潘君骅提供）

图1-3　1960年潘君骅拍摄的嘉兴老家后门的小河人家

图1-4　1933年竖屋日在嘉兴外婆家竹林边
（左起：潘君骅母亲、潘君骅、潘君乾）

第一章　无忧的童年　战乱中求学

子，有些树木，还有两口种了荷花的大缸。院子东墙爬满了蔷薇花藤。厨房西面是一小片草地，草地的西面和北面是院墙。客厅南窗外是一条石头铺的小路。小院子南面是一排临街平房，出租作商铺，父亲打算把租金用在孩子们的学费上。商铺很快都租了出去，其中一间租给别人作汽车间。儿时的潘君骅很羡慕那位有车的朱斐君医生，常常琢磨自家的大门太小，开不进汽车①。

在嘉兴，潘君骅家附近就是嘉兴中学，嘉兴中学附小设有幼稚园，离家很近。幼稚园有一位老师和潘君骅的父母很熟悉，潘君骅的母亲亲昵地称她为"大姐"。母亲非常关心她的小儿子在学校的情况，常去找大姐了解情况，得到的消息是：听课思想不集中，爱动，是个聪明但也淘气的孩子。

儿时的潘君骅过得无忧无虑，吃、淘气和好奇成为生活的全部。

潘父在上海圣心医院工作，每隔一个礼拜回家一次，回来时总给孩子们带些水果，比如香蕉等，挂在客堂长窗的窗栓上，取食很方便。暑假里，后河有叫卖西瓜的船，潘家常常买一大堆西瓜，放在楼梯间，大人午睡醒后才吃。小君骅中午不睡，在院子里抓蚱蜢，满头大汗，然后就等着吃西瓜。儿时的美食还包括咸鸭蛋，母亲常用冬天腌咸鱼的卤水拌稻草灰腌一大瓮，有300来个，留给全家吃。

那时候的潘君骅很能自娱自乐，偶尔也做点坏事。他会把两条长板凳当飞机，坐在上面幻想飞入云端，嘴里还呜呜有声。有一次潘君骅和哥哥在后河码头争位置，不小心把哥哥挤到河里，父亲大怒，从此不许潘君骅去河边。有一个夏天，父亲约了六七个上海圣心医院的医生同事到嘉兴游南湖，雇了一只丝网船，在船上吃午饭，也带潘君骅去了。父亲的同事给潘君骅照了一张相（图1-5），

图1-5 1934年潘君骅在浙江嘉兴南湖中的烟雨楼留影

---

① 潘君骅：回忆往事。见：中国工程院学部工作局编，《中国工程院院士自述第二卷》。北京：高等教育出版社，2008年，第120-147页。

潘君骅保留至今。

踢毽子是潘君骅儿时的特长之一。他用大公鸡尾羽做成毽子去和大人、孩子比赛，总能赢。有一年冬天，潘君骅和姐姐比赛踢毽子，踢得满头大汗，热了就脱衣服，只穿个单布衫踢。最后着了凉，得了咳嗽病，每年冬天都要犯，母亲很着急，常常炖冰糖梨或胖大海治疗，过了好几年才慢慢好起来。

孩提时的潘君骅还有他倔强的一面。有一次过年，舅舅来家里做客。父母让孩子们给舅舅拜年，哥哥潘君乾很听话地磕了头，舅舅高兴地给了一角大洋；轮到潘君骅时，他只鞠躬，怎么也不愿磕头，最后只得了一角小洋。

小学上了四所学校

1935年，潘君骅入读嘉兴中学附小，这是潘君骅入读的第一所小学。后来潘君骅回忆起自己读书的第一所小学，他认为"总的印象是比较正规，校舍也很好"[1]。

潘君骅上小学一年级时，姐姐已经在该校上五年级了，他每天就跟在姐姐后面上学、放学，遇到刮风下雨，家里才有大人接送。有一次，潘君骅忘了还有一堂课，早早在姐姐的教室门口等，结果听到上课铃响了，姐姐还在上课。他也不敢再回自己的教室，一直站在那儿足足等了一堂课。小学时候，识字不多

图1-6 上小学时，潘君骅与母亲、哥哥合影（左为潘君骅，右为哥哥潘君乾，后为潘君骅母亲朱贞慧）

---

[1] 潘君骅访谈，2014年10月17日，苏州。资料存于采集工程数据库。

的潘君骅很喜欢阅读哥哥姐姐用过的一些课外读物,如《儿童世界》等,可惜这些书籍在后来逃难时都没有带走。

仲春前后,姐姐有同学养蚕,说吞食活的春蚕,夏天皮肤凉爽,不怕热,潘君骅竟真的吞了一条一寸左右长的蚕。那时最高兴的是春天在老师的带领下去远足、踏青,小学组织踏青常去的地方是靠近火车站的苗圃公园,让潘君骅惦记的是公园里卖的长长的野鸡毛,他很想要,但也清楚地知道母亲不会同意买,所以也只是想想、看看而已。

卢沟桥事变(也称"七七事变")前夕,抗日声浪很高,民众自发开展抵制日货运动。作为小学生的潘君骅也不甘落后,烧掉了自己的日货铅笔。同时,社会上也有一股亡国论思潮,街头巷尾经常能听到"东洋人打胜仗,中国人吃败仗"之类的童谣。潘君骅不懂歌词意思,回家也唱,母亲听到,立刻严厉地呵斥了他。这是他平生接受的第一次爱国主义教育,永世不忘。

1937年的暑假,读完小学二年级的潘君骅和母亲、姐姐一道去常州看新房子。常州的新房是潘父在老宅基上建的商用新屋,本打算投资作为子女教育基金的。潘父还在上海吴淞盖了一栋房子,取名"慕英新村",以纪念前妻范慕英。

弃家出逃,避难莫干山

卢沟桥事变后,潘父不愿意在日本统治区工作,于是决定在日军到嘉兴之前带着全家逃难。父亲的这个思想和觉悟让长大后的潘君骅为之自豪并心存感激[1]。

举家逃难不是一件容易的事情。他们的目的地是莫干山,因为那里有潘君骅娘舅养病的房子可以落脚,一同逃去的还有三家亲戚,共同雇一条船。嘉兴家里的家具除少数几件搬到外婆家保存外,其余的只能听天由命。孩子们的书本都放在书房的一张桌子里,没法带走。

---

[1] 潘君骅访谈,2014年10月17日,苏州。资料存于采集工程数据库。

逃难的路线是：先乘船到杭州，后经武康、三桥埠到莫干山脚下的庾村，住在一个小学里。那时，庾村已有汉奸成立了维持会，把大家召集到空地上，嚷嚷着叫大家安居乐业等。父亲心情很不好，潘君骅不懂这些，照样淘气。

在庾村待了两天就上了莫干山，最先住过的房子是341号，在上山必经之路上。后来住过272号和200号旁边的斯少卿木匠家，最后又搬到186号，是莫干山上较

图1-7　全家逃难至莫干山（摄于1937年7月浙江莫干山竹林，前排最年幼者为潘君骅）

图1-8　逃难时大家族合影（摄于1937年，前排小孩中左二为潘君骅，后排右一为母亲朱贞慧，前排右三为潘君乾）

第一章　无忧的童年　战乱中求学　　13

早的一幢房子。就在逃难的这段时间，潘家在吴淞、常州的两处新屋都被日军放火烧了。当时，像潘父这样不懂时局、把全部家当都投资到不动产的老百姓，损失都很惨重。

初到莫干山，正是战争伊始，大家还都以为逃难只是暂时避避。莫干山本是有钱人的避暑胜地，打仗后只有逃难到山上的，再没有听说来避暑的。那时还有洋人在山上，山上有礼拜堂，有一个牧师中文名叫许安之。洋人早上见面都要道声"Good morning"，表兄海哥疑惑：外国人见面互相都说"狗头猫脸"。他约潘君骅一起躲在路边草丛里，等有洋人走过就大声喊"狗头猫脸"。住在山上时，一次家里的手电筒电池没电了，潘君骅听说有"水电"什么的，就自作主张把手电筒泡在水里，结果当然是一塌糊涂。后来大人奇怪，怎么电筒里有那么多水？潘君骅在一旁听了不敢吭声。

在莫干山上，潘君骅上完了小学三年级，先后入读两所小学。先是在341号住处附近的公益会小学就读，搬家后又上了一个办在岗头路"一统饭店"里的小学。在师资和办学条件上，莫干山上的小学比潘君骅原来就读的嘉中附小差了很多。那时潘君骅最怕写作文，有一次不知什么题目，憋了很久才写了逃难前学过的关于华盛顿小时候很诚实的故事，写到华盛顿的父亲问他是谁砍断了樱桃树时，下课铃响了，潘君骅赶紧刹车，以"华盛顿说：'不知道'"作为这篇作文的结尾。老师告状到家里，两个哥哥此后总拿这件事笑话他。

寄居上海法租界，就读私立正志小学

1938年秋，嘉兴已沦陷，眼看抗战短期内不会结束，长期躲在山上影响子女上学，此时潘君骅的父母决定搬到上海法租界。

从莫干山到上海先经过杭州，借住基督教办的蕙兰中学。那时学校已停课，学校里有教堂，小孩去做礼拜可以发给铅笔、橡皮、练习本等。也就在这时，日军进入杭州市区，汉奸市长何希甫找到潘君骅的父亲，想要他出任伪卫生厅长，那时虽然家境不佳，但父亲坚决不做汉奸，果断予以

拒绝。

潘父的一个朋友朱恢伯先生在上海法租界善钟路（今常熟路）和兴里租有一套三楼三底的房子，潘家从他那租下三层的一个大统间。

全家五个孩子、两个大人，再加外婆及其侍女紫琴共九人挤在不到 30 平方米的一个房间里，窘迫可想而知。

初到上海，潘父在静安寺租了一间写字间挂牌行医。但短时间难以打开局面，无法维持一家生活和子女教育费。不久，潘父决定回莫干山工作。在上海这段时间的生活很艰苦，每顿饭经常只有一个菜，如黄豆芽，偶尔能吃点小荤。

> 一家人的生活全靠母亲操持，母亲这段时间很不容易。她经常对我们说的是要好好读书，读不好书，将来只好去拉黄包车。她提出的只是最低要求，并没有要我们读好书光宗耀祖。但是我那时太小，还不懂事，贪玩，管不住自己。[①]

离家最近的小学是马路对面不远的私立学校正志小学，朱恢伯帮忙联系这个学校，减免了学费。潘君骅和三哥在这里读完了小学四、五、六年级。

潘君骅兄弟俩入学时，学校已开始上课，小学四年级就要学英语。兄弟俩之前在莫干山根本没机会学英语，而正志小学的同年级学生已念过两年，要补落下的功课就很吃力。冬天来了，潘君骅又容易犯咳嗽，英语要念，咳嗽也忍不住。潘君骅常常是一边大声念英语一边咳嗽，母亲看着很心疼，炖胖大海、冰糖梨给他吃。姐姐很羡慕，说她也愿意咳嗽，可见当时家里真是很穷。一次读生字 picture，潘君骅花了很大工夫还是记不住，在学校操场上边兜圈子边念，兜了很久才记住。

小学教语文的女老师叫朱其玉，对学生很严厉，成绩不好就用藤教鞭打手心。潘君骅因作文不好也挨过打。但是朱老师对工作十分负责，每天

---

① 潘君骅访谈，2014 年 10 月 17 日，苏州。资料存于采集工程数据库。

上学和放学时都站在校门口。潘君骅学语文最怕的是记日记和写作文，总觉得没什么好写的。学课文还有点兴趣，小学里读了不少古文，《桃花源记》是最早的一篇，潘君骅喜欢古文，《泷冈阡表》《黄冈竹楼记》《祭十二郎文》《万里寻兄记》等文都是在那时熟背的。"葡萄美酒夜光杯，欲饮琵琶马上催。醉卧沙场君莫笑，古来征战几人回？"是配着音乐唱的，当时还不懂其深刻的意境；不过，岳飞的《满江红》，潘君骅那时已经有点懂得了。

不同于语文的是，潘君骅那时觉得算术课很容易，如"鸡兔同笼""时钟问题""年龄问题"等，在算术比赛中还获过奖。

贪玩但不虚荣的孩子

孩提时的潘君骅一直都很贪玩，老师家访常告状。为此，潘君骅的大哥潘君牧很是看不起他。记得一次吃饭时，大哥曾经很不屑地说："潘君骅一定念不好书，如果他能念好书，我就能叫碗自己动起来。"说完又马上加了一句："叫碗自己动起来我是办得到的，只要把碗翻过来，里面扣个乌龟就行，而潘君骅读书是肯定不行的。"对于这段儿时记忆，潘君骅感触道："这话是看不起，但也有点激励的意思。"[1]

正志小学属于贵族学校，有钱人家的子弟不少，汉奸市长傅筱庵的孙子傅在纯、上海法院官员郁华[2]之子郁兴时等都和潘君骅在一个班上。潘君骅穿的一件大褂袖子破了，母亲用蓝布换了一段，比较刺目。一次早操时，老师当众告诉潘君骅回家把这件衣服换一下。潘君骅听了很反感，但一点也不抱怨母亲。同班上学的哥哥回家说了，以后母亲就没让他再穿。

---

[1] 潘君骅：回忆往事。见：中国工程院学部工作局编，《中国工程院院士自述第二卷》。北京：高等教育出版社，2008 年，第 120-147 页。

[2] 郁华（1884—1939）：郁达夫之兄，1905 年考取浙江省首批官费留学生，留学日本。1910 年获法学士学位回国，1911 年任京师高等审判厅推事、北京政府大理院推事等职，1913 年奉派赴日本考察司法制度。1928 年起任国民党政府司法行政部科长、最高法院东北分院刑事审判庭庭长兼推事。1932 年，出任上海江苏高等法院第二分院刑庭庭长并兼任东吴法学院、法政大学等大学教授。郁华多次营救进步人士，1939 年被日伪特务刺杀。

母亲不知不觉灌输给潘君骅的人生哲学思想，使他轻而易举地抵抗住十里洋场的物质诱惑。

因为家里经济困难，潘君骅弟兄们平时从不看电影，别的小孩在议论看过的片子，潘君骅就走开点。朱恢伯的小儿子朱炎汉和潘君骅差不多大，认识上海杜美影院的收票小童，曾带着小伙伴们在开场后几分钟悄悄进去看免费电影。潘君骅正式买票看电影只有一次，是小学毕业时看的《月宫宝盒》。

那时潘君骅日常的娱乐是打弹子，即蹲在地上玩小玻璃球；还有捉蟋蟀和"造房子"（在弄堂里跳水泥格子）等。夏天天热，家里根本待不住，晚饭后洗完澡他就到弄堂里找小孩到马路上，可以玩得很晚，回家又是一身大汗。在家里，潘君骅还试着从废灯泡中抠出里面的玻璃棒而不弄破口子，好装水养蝌蚪。

1941年，大哥从交通大学毕业，二哥也从上海中学高中毕业，两人都去了大后方。姐姐初中毕业，潘君骅和三哥也从小学毕业。

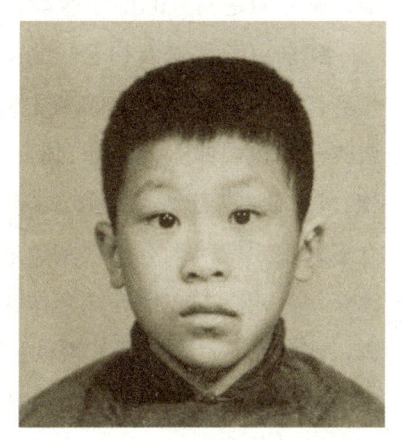

图1-9　1941年潘君骅小学毕业照

初中上了三所学校

潘君骅在上海上了一年初中，全家就搬到浙江安吉县的小村（后改为晓村），因为父亲在该县卫生院工作。他在那里完成了初中后两年的学习。

在上海的初中生活

初一上学期，潘君骅是在上海的京江中学读的。这所学校离家很近。

第一章　无忧的童年　战乱中求学

1941年年底，太平洋战争爆发，京江中学停办。因为只有半年时间，潘君骅只记得它是办在一个弄堂里的学校，其他完全没有印象。初一下学期，潘君骅不得不转到博文中学就读，这所学校离家稍远。

这时的潘君骅还是很淘气。京江中学附近的住家门口有电铃，他学别的小孩过去按铃，然后赶快躲起来。

潘父与大哥、二哥经常有书信来往，也要潘君骅顺便写几个字，一向不爱写作文的潘君骅不知写什么好，就写家里的猫在三楼窗口乘凉时不小心顺着铁皮一滑，跌到天井的水泥地上，居然没跌死。因为这事在他看来很神奇，但是父亲的反应冷淡。

父亲更欣赏老大和老二的文笔，认为这两个儿子写的东西很好。尤其是老二，他是上海中学的高才生，语文、历史、数学、英语成绩都好，潘君骅一向也很佩服他。潘君骅的大哥、二哥经常在黄嘉德、黄嘉音主办的《西风》杂志[①]上发表翻译文章，挣点稿费助学。当时的《西风》杂志读者众多，主要撰稿人有林语堂、老舍、黄嘉德、黄嘉音、周作人、冯至、谢冰莹、萧乾、冯亦代等知名作家或撰稿人，这些人的中英文水平都极为优秀，或作或译，维持了《西风》较高的文学水准[②]。所以，潘君骅的两位哥哥能在该杂志发表译作，足见其文笔不错。

重返山野小村生活

1941年年底，日军进入上海租界。1942年夏，大哥已去内地工作，二哥奔赴重庆上交通大学。全家留在上海已无必要而且面临困难，母亲决定搬到父亲所在的浙江省安吉县小村。

潘父工作的武康县卫生院和武康县立初中都在一处，吃住和读书都有了着落。潘君骅母亲先将外婆和紫琴送到嘉兴托付给朱家亲戚。潘君骅记得：

[①] 《西风》杂志：月刊，由林语堂与黄嘉德、黄嘉音兄弟于1936年9月1日共同出资创办。1949年5月上海解放时停刊，历时十三年，共出118期。在林语堂等人的推动下，它是当时颇有影响力的一份刊物，以"译述西洋杂志精华，介绍欧美人生社会"为办刊宗旨。

[②] 王鹏飞：《西风》："论语派"后期的新变动。《郑州轻工业学院学报（社会科学版）》，2005年第6卷第5期，第15-17页。

临走的那天,大包小包东西很多,姐和哥送外婆她们上火车。吃完早午饭,满桌碗筷狼藉,他们都去火车站,我一人在家,把桌子收拾得干干净净,姐姐回来一看完全出乎意料,对我大加表扬。①

母亲安顿好外婆后,回到上海就动手搬家。先坐火车到临平,再走水路,后步行直奔安吉小村。小村位于两条溪水相汇处,两条溪水由山岗隔开,小村靠近南边稍小的一条。房屋依山傍水而筑,沿溪右岸分布,溪边有小路,垒石为堤。小村人口不多,只有几十户人家。村里人都姓何,一进小村走不多远,左边过小木桥便是何家祠堂。武康县中的教室和办公室在祠堂后面山坡地上临时建造的四间田字形草棚里,住校生的宿舍就设在祠堂里。武康县卫生院设在老百姓家里,主人何阿富,有两个儿子。

卫生院借用一楼东厢房的前半部。潘君骅的新家在西厢房楼上的前半,西厢房楼下的前半一小间是吃饭间。除了潘君骅的父亲,卫生院还有一个医生兼会计周遵基、两个护士、一个勤务员。卫生院自己开伙,大家都在一起吃。来卫生院看病的一般都是些小毛病,工作不算多。

武康县中上学

1942年秋,潘君骅哥俩插班到武康县立初中读初二。这所中学只有初中,初二两个班,初三一个班。

当时武康县中开设的课程有国文、代数、英文、史地、物理、几何、音乐、体育、教育概论等,还有体操课,也就是童子军课,到操场上锻炼。

印象最深的是教物理和几何课的汪家訸老师②。他很有学问、爱读书、

---

① 潘君骅访谈,2014年10月17日,苏州。资料存于采集工程数据库。

② 汪家訸(1915-),浙江德清人,1936年考入上海市大同大学数学系,次年因抗战爆发学业中断。他一边自学,一边在浙江莫干山地区的几所中学担任数理化教员以维持生计。1946年考入浙江大学物理系,半工半读完成大学学业。1950年在浙江大学物理系任教。

教课也好，对学生循循善诱，跟随他学习受益匪浅。

汪家訸老师的教学方法很好，是启发式的。比如，在讲到三角形的时候就提问学生，当给定两边一角（非夹角）时，有几个解？他不马上解答，引导学生多思考。他一直在看书，也喜欢钓鱼，钓鱼时常拿一本书在看，我对他在小村小溪边钓鱼的印象很深。①

中华人民共和国成立后，汪家訸到浙江大学任教，教数学、力学，和南京紫金山天文台有联系。20 世纪 80 年代，潘君骅在南京开会时还遇到过他。

潘君骅的姐姐在小村没有学校可读高中，只能辍学一年。她在家里教潘君骅念王勃的《滕王阁序》且背得很熟。后来，她到安徽绩溪浙江第五临时中学就读。

在小村的一年给潘君骅留下了不少美好的记忆，到现在他还十分怀念那时的生活。

小村的秋天很美，祠堂边靠村口的树林里长着高高的野柿子树，结满了红红的柿子，就是够不着，也不见有大人摘。林间不时有很好看的长尾锦鸡飞来飞去，叫声很特别。

小村冬季不算冷，厅堂是没有门窗的。1942 年的冬天下了一场大雪，竹子都被压弯了。大人们在家做年糕，小孩子就在外面玩雪，还到村外去找梅花，真切体验到踏雪寻梅的乐趣。过年很多人家杀鸡，潘君骅就专门去挑好看的公鸡尾羽来做毽子。当时方孔铜钱不难找，潘君骅找到二三十个都做成了毽子，排在一起，颜色各异，煞是好看。

春天来了，潘君骅约小伙伴到村后一处荒芜的小庙宇去玩，那儿有一个小池塘，水很干净，里面有很多蝌蚪，很容易抓。学校也组织大家春游，踏青到釜托寺，来回要走一整天，自带干粮。一路上，杜鹃花漫山遍野，竹林里长着很多笋，有的都有一尺来高。边走边唱抗日歌曲，很开心。釜托寺周围古木参天，绿荫蔽日。寺里有挂在墙上的国画《打翻字纸

---

① 潘君骅访谈，2014 年 12 月 19 日，苏州。资料存于采集工程数据库。

篓》，系寺内高僧所画，还画有老刀牌空香烟壳等，惟妙惟肖。

在小溪里捉鱼虾也是孩子们的一大乐事。出了小村的溪水有一段地略平，水也不深，清澈见底，鱼虾很多，鱼不好抓，可虾徒手就能抓到，只是效率太低。潘君骅自己用破竹篾做了一只小簸箕来抓，顿时提高了效率，但也不够一顿美餐。潘君骅还用自制的钓具钓鱼，鱼钩是用缝衣针弯的，没有倒钩。有一次一条巴掌大的鱼来咬钩，潘君骅用力一甩，鱼儿脱钩掉到了岸边，找了半天才找到。潘君骅并不爱吃鱼，但抓回去的鱼却是姐姐的美餐。

搬家莫干山

1943 年夏，武康县政府认为莫干山上太平，决定将武康县中和武康卫生院从安吉县的小村搬回莫干山，潘君骅全家也随之迁移。这时家里除了父母，就只剩下潘君骅和三哥了。这年秋天，潘君骅哥俩在武康县立中学读初三，校址设在原"工部局"的房子里。

小村产竹，搬家时都用竹编的大篓装零碎物件，靠人力挑上山。上山后先落脚在一幢没人住的洋房里，门窗都还完整。虽说日军不常出据点骚扰，但大人还是留个心眼，除了十分必要的生活用品，大部分物件都藏到厨房下面的秘密地下室里。鸡鸭由哥哥管理，关在正房外的一间小屋里。房子南向，下面就是山坡，有石级可通山上唯一的市面商业街（荫山）。从小村到莫干山上大半天就够了。

搬到莫干山的第二天一早，刚吃过早饭，就听到从山下方向传来猪叫声，还以为是老百姓杀猪，母亲和哥哥就顺着石级往下准备去买点肉，走出不远突然急急忙忙奔了回来，气喘吁吁地说："日军上山啦！"于是潘君骅全家赶紧收拾好东西，往后山走。母亲胆大，不肯马上离开屋子，父亲就带着孩子们先走。

因事起仓促，不知往哪里跑，只记得往小竹林子里钻。过了一会儿，母亲来了，她一直躲在屋后不远处，直到听见日军进屋的皮鞋"的阁"声才离开。全家藏在小竹林里一整天，天黑后见到逃过来的方向一团红光，大家担心是日军烧房子，但也无可奈何。后来这团红光越来越亮，才看清原来是月亮正在升起。逃出来的人们都是一天没吃东西，肚子很饿。确定安全后，大家摸黑下山，找到一户人家要了些吃的。

秋季开学前，全家搬到了塔山方向的另一住处。这时父亲受一个叫周遵基的大夫排挤，不得已离开武康县卫生院，在家给人看病，生活也失去了保障。

开始有读书的自觉

1943年秋，潘君骅和哥哥在武康县中读初三，从家到学校要走不少路。从这时开始，潘君骅才有点读书的自觉性。战乱时期，学校聘请的教师背景差异很大。有些老师是来自上海交大等大学的教授，资质较好，也有些老师是来自私塾的老先生。

初三的语文老师叫陈官方，是位老先生，当地人，教学很认真。特点是要学生拉起调子高声念，有点教私塾的味道。潘君骅从图书馆借过一本《科学家传记》，很喜欢那本书。那时，潘君骅最怕上教学概论和历史课，因为考试时必须死记硬背。

为了准备考试，潘君骅爬到阳台栏杆外一处僻静的角落里背书。有一次，日军一架双翼飞机从阳台外面飞过，飞得比阳台还要低，潘君骅都能清楚地看到飞机上的驾驶员。

上学时，潘君骅的笔记一直记得非常认真，为此常得到母亲的夸赞[①]。这个好习惯后来给他的工作也带来了极大的便利。

总的来说，抗战时的国民政府对办学还是很重视，当时很多临时中学都是在逃难过程中临时组建的，潘君骅的姐姐也在临时中学就读。临时中学虽然条件简陋，但是容纳的学生很多，师资也还不错，很多优秀的教师都是在一边逃难一边教学。

[①] 潘君乾访谈，2015年11月4日，北京。资料存于采集工程数据库。

高中又上了四所学校

1944年夏天，潘君骅初中毕业。

武康县中没有高中，暑假里本准备报考天目山的浙西一中，可临考试前潘君骅突然感冒高烧不退，无法参加入学考试。哥哥潘君乾只好也不去，因为年纪小，父母希望兄弟俩上同一所学校，彼此有个照应。

远行就读中正中学

打听到孝丰县境内有一所中正中学，刚开设了高中班。位置在孝丰县章村附近的一个叫河干的小村子里，要走三天两夜山路才能到。别无选择，无奈之下，哥俩只好决定去孝丰就读。第一次去学校是雇人挑着行李去的，在路上住了两晚后，第三天白天才到，一路走来非常辛苦。

> 学校条件很差，校舍是借用的民房。刚去时，住的地方就是在大房间里打地铺，后来换成木板搭的大通铺，一排有十来个人，上下铺。洗脸是在一大间没有墙壁的草棚，每个学生的用具有固定位置，洗脸毛巾整齐地挂成一排。冬天很冷，毛巾都冻成了冰布。厕所离宿舍很远、很脏，晚上没有路灯。下雨后路上泥泞不堪，后来宿舍里放了个大尿桶。①

教国文的老师叫俞乾三，岁数很大，学期快结束时因病去世。国文课上，俞老师教学生们大声诵读《诗经》：呦呦鹿鸣，食野之苹……；坎坎伐檀兮，置之河之干兮，河水清且涟漪……。"伐檀"篇有批评剥削者的意思，对此潘君骅印象很深。还有一次，潘君骅觉得语文老师讲得太

---

① 潘君骅访谈，2014年10月17日，苏州。资料存于采集工程数据库。

啰唆，有点不耐烦，就自己看抽屉里的地理书。因为坐在第一排，被发现了，俞老师就叫他站起来念文言文的课文，他还按旧时习惯叫潘君骅"潘生"。

校长孙殿柏教历史，他对中国历史很熟，但对高一学生而言，他的教学方法不当，没有课本，讲得又快，学生记不住也跟不上。期末考试时，大家约好全体交白卷。结果重考时改为开卷考试，但开卷也没用，因为大家都没有课本、没有笔记，考试成绩仍然都很糟糕。

军训课的教官叫巫树宝，要求学生天天早上起来跑步、做早操。冬天早上实在不想起床，有学生就偷懒不去。一次，潘君骅等三个学生没去做早操，被他发现了，就罚他们三个双手平举一直站到吃早餐。

晚间要上自习课，几个人就在吃饭的方桌子上共用一盏菜油灯，两根灯草，很暗。学校的伙食条件也很差，经常是八个人一桌，一小木盆清汤萝卜不见油花。早上有时咸菜也没有，只有一盆炒盐粒。实在馋了，只好到老乡家去买点豆制品熟食吃。吃肉算是大事，一个学期最多有三四次。有一个初三班的同学吴天放，他家离学校近，常从家里带些吃的来，有时分给潘君骅一些豆腐干、肉酱等。记得有一次哥哥潘君乾买了一点肉和黄豆，用大的搪瓷缸煨烂了吃，并尽量让潘君骅多吃些。

这期间印象最深的是哥哥生病。潘君乾吃东西就吐，校方不知是出于照顾还是怕传染，特地找了一间空房让兄弟二人单住。哥哥病得不轻，潘君骅一直守在床边照顾，缺了好几节课，英语考试也没考好。学校周边没有医生，最后潘君骅不知听了谁的主意，煮了很浓的红茶加糖给哥哥喝，喝了很多后吐出一条蛔虫，病很快就好了。

河干是个很小的村子，地势倒还开阔，旁边有条一丈来宽的小溪，远处的山也不高，潘君骅兄弟俩刚到时天气还较热，可以在上游的一些地方游泳，水比小村的溪要深些。靠近学校的地方，溪很宽，但很浅。跨溪有一座木桥通向操场，水浅时可以踩着一个个石墩过去。秋天到了，每逢星期日，潘君骅便找几个同学出去"郊游"，一直走到有山的地方，那里栗子树很多，经常可以吃到新鲜的栗子肉。

一次，潘君骅和哥哥出去采野果，带了一把托人从上海买来的折叠小刀，两头有大、小两片刀刃，可以打开一头，也可以两头都打开，但不能两头同时扳。哥哥不懂使用方法，两手拇指扣住大小刀刃同步向外掰，结果"叭嗒"一声中间的弹簧钢条断了，小刀失去了刀把，无法再使用。小刀是"野外生存"的重要工具，没有它很不方便，在当时当地根本不可能再买一把。这引发了潘君骅自制小刀的想法[①]。

高一上学期结束后，潘君骅和哥哥把行李物品收拾好，托付给学校的留守人员，准备开学再用，并约了几个家在同一方向的同学一起上路回家。天刚下过大雪，路很不好走。开始有十来个人，后来越走越少，最后只剩潘君骅弟兄两个。第一天走得最多，一直到天黑才找了一家客店住下，哥俩累得无法形容，但好在离家越来越近了。

  第二天一早起来赶路，上午一个初三同学马如飞很快到家了，他家离大路很近，让我们进屋坐坐。人还没进门就大声喊叫妈妈，他妈不在家，到邻村串门去了，结果他和我们立刻一道继续赶路去找妈妈。母子情深，深有同感，事隔六棯，记忆犹新。[②]

第二天傍晚快到小村时，弟兄两人还走错了路，又原路退回到岔路口。改变方向后，翻过一个小山岗到达小村。天差不多黑了，找到阿富老头小儿子家投宿。南方没有火炕，农村甚至冬天床上铺的也是竹席，这让潘君骅和哥哥都很不习惯。第二天赶到家时已是午后，母亲在家已盼望了很久。

在孝丰读高一时的艰苦让潘君骅毕生难忘。

失学一年　生产自救

潘君骅兄弟原本打算过了寒假再去中正中学继续读书，可在 1945 年春节后传来消息：孝丰一带有新四军，学校不能开学。家里决定让母亲和

[①] 潘君骅：回忆往事。见：中国工程院学部工作局编，《中国工程院院士自述第二卷》。北京：高等教育出版社，2008 年，第 130-132 页。

[②] 潘君骅访谈，2014 年 10 月 17 日，苏州。资料存于采集工程数据库。

潘君骅去把行李取回，潘君骅熟悉路，也不怕走长路。天已不冷，两人轻装上阵，一路上潘君骅问了母亲很多问题，茨菇、芋头等作物就是在那次路上认识的。

父母一直千方百计让孩子们读书，但那时的状况实在没有办法，潘君骅和哥哥只能失学在家。失学期间，母亲不断要求潘君骅复习学过的课程，潘君骅在楼下外婆念佛的那间屋里，在一张西式大菜桌的一端占据了一个固定位置，靠墙放了书和本子，计划每天上午自学。但实际上坚持得很不好，他的玩心太重。

这段时间家里的经济有些紧张，需要"生产自救"，比如挖冬笋、采野笋、割柴火、劈竹篾等，还需要孩子们干一些重体力活，比如开荒种地。那时的家境越来越差，屋边的熟地大部分是亲戚家的，潘君骅家只有一块很小的地，种了些黄瓜、番茄、南瓜之类的蔬菜。潘君骅自己种了一棵南瓜，精心呵护、施肥，最后结了一只长长的南瓜。粮食紧张后，潘家开始学山里人开出山坡上一片小竹林种玉米。先砍掉小竹林，晒干烧掉作肥料，然后用锄头把竹根挖出，再按一定间隔挖出小坑，每个小坑里下两至三粒玉米种，这是很累人的活。山里的乌鸦知道小坑里有玉米，就会扒出来吃掉。所以，种下玉米后，天一亮就要有人值班看守，直到玉米长得有几寸高。这过程大约一周，潘君骅和哥哥是家里种玉米的主力。

这段时间潘君骅还自制了一把小刀，这是他手工制作机械产品的开始，这把小刀被潘君骅一直保留到现在。一次，潘君骅到莫干山的一幢空房子去玩，看到地上有一件东西，一头是一个尖头木块，另一头是一个圆木球，中间用一片弹性很好的钢片联结，钢片大约长13厘米、宽1厘米，看来是有钱人家用来撑尖头皮鞋的。潘君骅灵机一动，觉得那根弹簧钢片一定很硬，可以做一把小刀，立刻捡回家，把两头的木块去掉，硬是在水池边的水泥上开出了刀锋，再找到合适的磨石将它磨细磨快，果然磨成了一把很好的小刀，他对自己的作品非常满意。后来又捡到一个破的薄铝锅，剪下两片，一片蒙在刀的一头做成刀把，另一片做成刀壳。回到嘉兴后，又捡到日军的一只军皮鞋，剪下一块牛皮做了一副皮刀鞘。这把刀可用来裁纸、削水果、削铅笔等，用处很大。

当时的莫干山名义上是国民党的地盘，但盘踞在武康县城里的日军想来就来。6月的一天，日军又上山了，到潘君骅家东翻西翻，抢劫了一些东西。在发现后院有鸡时，他们准备一只不剩地抓起来抢走。没有走远的母亲急了，伸出一个手指示意放下一只，那个日本兵居然就放下了一只。当时家人都为母亲捏了一把汗，母亲一直是坚强而勇敢的。

图1-10　潘君骅的父亲潘蔚岑和母亲朱贞慧（分别摄于1958年和1945年）

　　当晚，全家都不敢回去住，借住在200号一个亲戚家，到第二天才不得不提心吊胆地返回。日军这次上莫干山是要常驻的样子，他们占领了莫干山的制高点——塔山，从潘君骅家可以清楚地看见日军在忙碌着。过了几天，有消息说日军抓到一个新四军，带到塔山背后偏僻的地方用刺刀杀害了。这是潘君骅第一次近距离感到恐怖。其实，此时日本败局已定，只是在莫干山上的人们消息闭塞，茫然无知。

搬回嘉兴　生活重新开始

　　1945年8月16日，日本宣布无条件投降。潘家的逃难生涯总算结束了。潘君骅父母第一反应就是回嘉兴去。母亲先下山了解情况，接着全家

图 1-11 潘君骅家族逃难返回老家时留影（1946年2月摄于潘母家的堆陶器园场，第二排右四为潘君骅母亲朱贞慧，最后排左三为潘君骅，倒数第二排右四为潘君骅父亲潘蔚岑）

轻装出发。先步行，再坐船，经塘栖，到临平，再坐火车到达嘉兴。那时的家，除了铺在地上的榻榻米以及一个三夹板做的未油漆的大橱之外，空无一物，可谓家徒四壁，一切都要重新开始。

进入秋天，父亲去湖州找工作，母亲带哥哥回莫干山搬家，当时大哥、二哥及姐姐还没有从大后方回来，家里只有潘君骅和房客们。那时潘君骅只有15岁，母亲留了点买菜钱给他，要他自己过日子。潘君骅自己买米买油、烧饭做菜，生活安排得井井有条。天快冷时，还学着别人腌了一小缸咸菜，在空地里种了些蚕豆。

母亲从莫干山搬家回到嘉兴，天气已很凉了。蚕豆芽已从地里钻出来，可养的鸡放在院子里，几天工夫就把刚长出来的

图 1-12 16岁时的潘君骅（摄于1946年搬回嘉兴后）

蚕豆嫩叶啄个精光,潘君骅暗自伤心。

回到嘉兴,首先要解决生活来源问题。父亲和国民党高官陈果夫有同学关系,但一直没有什么来往。无奈之下,只能冒失地给陈果夫写信求职,但并没抱很大希望。过不久,居然有了回信,介绍他到湖州的一个医院当院长。潘父去湖州了解情况后发现那是个烂摊子,只好放弃。找工作没有结果,嘉兴的医院又进不去,想来想去,只能暂时私人开业行医。那时,楼下地板间的伪军已经赶了出去,诊所就设在这间房间。请木匠做了几件家具,刷了白漆,还印了不少处方单,并在大门口挂了块开业行医的牌子。

到1946年夏天,已经工作的大哥从大西南(修黔桂铁路)回到嘉兴,二哥交大差一年尚未毕业也从重庆回来,姐姐也从安徽广德浙江第五临时中学回来。一家人总算劫后团聚,并特意照相留念(图1-13)。这个冬天,潘家过了个太平年,为此,二哥还写了副对联,下联是"八年抗战归来重庆太平年"。他从重庆回来,语出双关。

图1-13 1946年逃难结束重返故乡时,潘君骅全家在嘉兴望吴小筑家中合影(前排为潘君骅父母,后排自左至右:潘君骅、潘君乾、二哥潘君拯、大哥潘君牧、表兄周良言、姐姐潘君昭)

第一章 无忧的童年 战乱中求学

有一天，潘君骅父母想起逃难前家里有二三百个银圆，怕路上不安全，装在一个瓦罐里埋在庭院里的一棵桂花树下。日本人住进来之后挖了地基，把桂花树挖走了，估计这罐银圆也被挖走了。但全家还是抱一线希望去挖挖看，大哥、二哥是主力，挖了半天，还是白费力气。于是，大家自我安慰：打了这么长时间的仗，家里人都平安，就算破财消灾吧。但是家庭经济紧张自不待言，母亲不得不拿出结婚前工作的积蓄（小件金饰）贴补家用。后来，父亲将临马路的一排平房加以修缮出租，才算是缓解了家庭收入窘迫的问题。

插班继续求学

潘君骅和哥哥已失学一年。这时，省立嘉兴中学还没有迁回嘉兴，复员后的嘉兴中学也只招收浙西一中的学生，弟兄俩只好插班到私立秀州中学高一就读。1946年夏，读完高一后通过考试转入嘉兴中学读高二。

省立嘉兴中学是一个古老的中学，前身为创建于1902年的嘉兴府学堂，1905年废除科举后推行学校教育改名为"嘉兴府中学堂"。辛亥革命后改为"浙江第二中学堂"。1933年改名"浙江省立嘉兴初级中学"，1937年起增设高中班，称为"浙江省立嘉兴中学"。抗战期间学校辗转迁移，至1946年浙西第一临时中学奉命迁来，并接收大后方国立中学部分学生及在沦陷期间的省立嘉兴中学经甄审合格的学生，恢复校名。中华人民共和国成立后，仍沿用旧名，直至1954年改为"嘉兴第一中学"[1]。

进入嘉兴中学后，潘君骅开始对古文诗词、国画、刻印章等感兴趣，但只是作为课余爱好，真正的目标是在理工科。高二时，潘君骅得过一次奖学金，是当时国民政府浙江省嘉兴专员吴寿彭[2]以个人名义设立的专项

---

[1] 浙江省政协文史资料委员会：《浙江文史资料选辑》第45辑。杭州：浙江人民出版社，1991年，第137-139页。

[2] 吴寿彭（1906-1987），江苏无锡人。1926年毕业于现上海交通大学机械工程系，1929年东渡日本考察"明治维新成功的缘由"，寻求强国富民之道。回国后在江、浙、湘等国民政府省军政机关任职，后在北京、青岛等地铁路、水利、航业、化工、有色金属等企业中任专业工程师。1946-1948年任国民政府浙江省十区（嘉兴）专员。

奖学金。吴寿彭很重视人才培养，规定该奖学金授予高三物理、高二代数第一名的获得者。潘君骅获奖后，把奖学金悉数交给母亲，母亲给了他一个半钱重的金戒指留作纪念。此外，在嘉兴中学潘君骅还获得过一次清寒优秀奖学金。

1948年夏，潘君骅在嘉兴中学顺利毕业。

潘君骅从嘉兴中学毕业后，自信满满，认为考大学把握很大。暑假里，亲戚们经常来家里打麻将，潘君骅常常去旁观。最后，未能考上理想的大学[①]。

1948年秋，潘君骅入读同济大学预科班，只读了一学期，但收获不大，主要原因在于课程基本上是高中课程，没有大学一年级的预科课程，而且那时候已经快解放，时局混乱，学生情绪不太稳定，学不到什么东西。跟家里商量后，父母同意潘君骅退学，所以不到寒假，潘君骅就回到了嘉兴。

记忆深刻的南洋模范中学

1948年年底，原本和潘君骅一个班，后因病休学比潘君骅晚了1个学期的哥哥潘君乾也从嘉兴中学春季班毕业了。寒假后，家里托娘舅的朋友阎仲彝介绍弟兄俩到上海南洋模范中学插班旁听复读。这是潘君骅入读的第4所高中。

南洋模范中学的优良学风和师资

南洋模范中学是全国有名的中学，因为是中学，上课受局势影响较小。南洋模范中学高中部的名师很多，这是因为20世纪40年代和50年代

---

① 林以勤：潘君骅：当年顽童结缘天文光学.《常州日报》，2011年5月26日。

初，南洋模范中学对高水平教师实行高薪制，使一些老师宁愿放弃交大副教授或讲师的职位到南洋模范中学任教。教物理的俞养和、贾冰如，教化学的徐宗骏、沈克超，教历史的沈起辉，教数学的王季梅、吴宗初等先生均为学术渊博的名师，20世纪50年代中期，他们和其他优秀教师一起先后调入大学任教[1]。

南洋模范中学教师水平高、学风好，潘君骅和哥哥虽然只读了高三下学期，却深感受益匪浅。

教物理的俞养和老师用英语授课，速度较慢，可以记笔记，半年下来潘君骅的英语听力水平大大提高。俞老师的物理课使潘君骅既学好了物理，又大大提高了英语听力水平，真是一举两得。对南洋模范中学时期的数学老师，潘君骅记得最清楚：

> 代数老师叫王季梅，讲得很好。不过有一个问题我至今不服，就是关于无穷连分式的解法。嘉兴中学时，俞芳老师教我们一个很巧妙的解法，而王季梅老师教的是另一种解法，稍麻烦，因此我没有去记住它。一次考试中，有一道无穷连分式题，我按嘉兴中学的办法去解，答案是对的，老师却判我错。我去找老师理论，他没有兴趣多听，坚持判我错。但这并不影响我对他的尊重。我也知道，我在听讲时就没有记住他讲的方法。[2]

在南洋模范中学上学时，刚开始，潘君骅和哥哥住在阎仲彝家客厅后面的阁楼上，不久搬到学校里寄宿，在学校住了半年。当时，高三共有甲、乙、丙三个班，潘君骅是丙班。因为只读了半年，能记得的丙班同学较少，只有盛志定、吴惕生、阎育嵩、顾燕谋、徐弘毅等几个。相反，因为住校的缘故，他和甲、乙班的住校生熟悉的倒是不少，尤其是甲班的唐孝威。2004年10月24日，潘君骅参加南洋模范中学49届毕业同学

---

[1] 人民网. 王选回忆在南洋模范的日子 [EB/OL]. 2006-02-14. http://scitech.people.com.cn/GB/25509/55787/58263/58264/4104129.html.

[2] 潘君骅访谈，2014年10月17日，苏州. 资料存于采集工程数据库.

五十五年聚会（图1-14），见到不少甲、乙班的同学，如唐孝威等。

南洋模范中学的地下党

南洋模范中学的地下党力量很强大，不过，一心读书的潘君骅当时并不知道。

图1-14 2004年潘君骅参加南洋模范中学同学聚会合影（右二为潘君骅）

坐在潘君骅邻座的同学徐弘毅就是地下党，临中华人民共和国成立前，他曾叫潘君骅将学校附近某地的一些高级住房的地理位置、道路情况画下来，说是为迎接解放军进城做准备。他是考验呢，还是真需要，潘君骅不清楚，反正就按他说的画给他。后来，他还介绍潘君骅参加"新青联"，并借给潘君骅看《共产党宣言》《人民公敌蒋介石》《新民主主义论》等书的单印本。

唐孝威是当时南洋模范中学地下党的负责人，在南洋模范中学的学习成绩也非常好，后来从清华大学物理系毕业被分配到九院搞原子弹。潘君骅回忆唐孝威时很有感慨：

> 1949年上海解放时，我们都在学校，号召参加南下工作团。唐孝威带头报名，但组织上没同意，这才上了清华。我很佩服唐孝威这样的人，由此也佩服了共产党。遗憾的是，他在"文化大革命"中受到极大冲击，九死一生。虽然后来很早就当选了中科院院士，个人得到一些补偿，但作为难得的科学人才，他失去了最宝贵的年华，这个损失是整个国家和人民的。[①]

---

① 潘君骅：回忆往事。见：中国工程院学部工作局编，《中国工程院院士自述第二卷》。北京：高等教育出版社，2008年，第137页。

第二章
结伴北上　选择清华

战乱中的高考

1949年5月，上海解放。对于解放，潘君骅毋庸置疑是举双手拥护的，解放军进城后的表现有口皆碑。上海解放后，潘君骅没有立刻回嘉兴，而是留校继续复习功课，这也是因为上海到嘉兴沪杭线上的铁路桥梁被国民党军撤退时全炸毁了。后来回嘉兴时，铁路桥梁还没有修好，过河只能下火车、坐小船过河，上岸后换上另一列停在对岸的火车继续走。

这一年的高考并没有因战事而取消，那时华东地区的高考都在上海进行[①]。潘君骅去上海参加考试是7月1日，事前政府发通知说一定在7月1日之前修好沪杭铁路上的桥梁，果真就在那天通车了。尽管桥是用枕木架设的临时桥，但潘君骅心里觉得共产党说到做到，真了不起。

潘君骅先报考了北洋大学、浙江大学、清华大学三所大学，受大哥、二哥的影响，报考的专业都是机械系。因上海的大学是统一招生，潘君骅又报了交通大学的工业管理，当年交通大学只有工业管理系招生。结果，

---

① 吴锦明访谈，2014年3月26日，苏州。资料存于采集工程数据库。

交通大学、清华大学、浙江大学三所大学都录取了潘君骅。交通大学录取的是工业管理系，浙江大学录取的是物理系，清华大学录取的是机械系。考虑再三，潘君骅决定上交通大学，打算进了交通大学再转机械系。不久，哥哥接到北大农学院的录取通知书，潘君骅临时改变主意，决定和哥哥一同去北京上大学，父母也都赞成。这样，潘君骅赶上清华第二批学生集体去北京。

临行之前，母亲在短短两个月的时间里亲手赶制了几双鞋袜。潘君骅一直没舍得穿，保存至今（图2-1）。

图 2-1　上大学前母亲给潘君骅手工缝制的鞋袜

每每看到母亲手工缝制的鞋袜，潘君骅总是感慨不已，总会想起那首《游子吟》："慈母手中线，游子身上衣。临行密密缝，意恐迟迟归。谁言寸草心，报得三春晖。"在采集工程工作即将结束、潘君骅捐赠这些鞋袜的时候，他专门手抄一份《游子吟》以纪念自己的母亲（图2-2）。

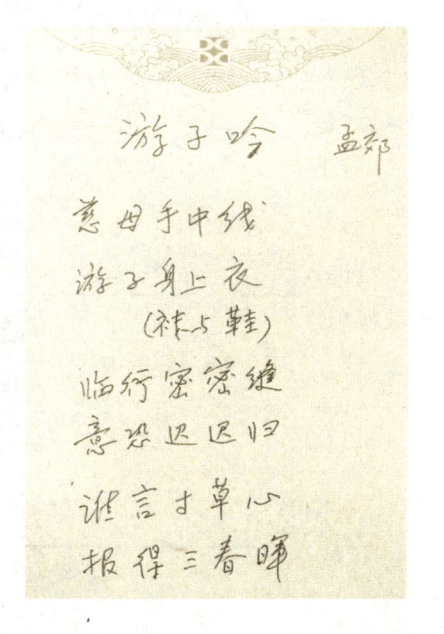

图 2-2　潘君骅手书《游子吟》

第二章　结伴北上　选择清华　35

入读清华园

1949年9月，潘君骅和哥哥一起坐火车从上海出发，经过52个小时才到北京。那时铁路桥梁都被炸断，用枕木搭建临时的便桥，火车开得很慢。潘君骅一直记得火车过长江的那个晚上，明月当空，一个暑假后返校的老生指着月亮用上海话向别人讲天文知识。这个人就是后来与潘君骅在清华学生社团"天文学习会"里经常见面的沈良照。

报到和助学金

到北京站后，潘君骅等新生换乘校车到清华，接新生的校车有好几辆，校车驶入校园后并没有直接去宿舍，而是先到体育馆前并绕操场一周，全校老生都来欢迎新生，他们边唱歌边鼓掌，让新生倍感亲切。①

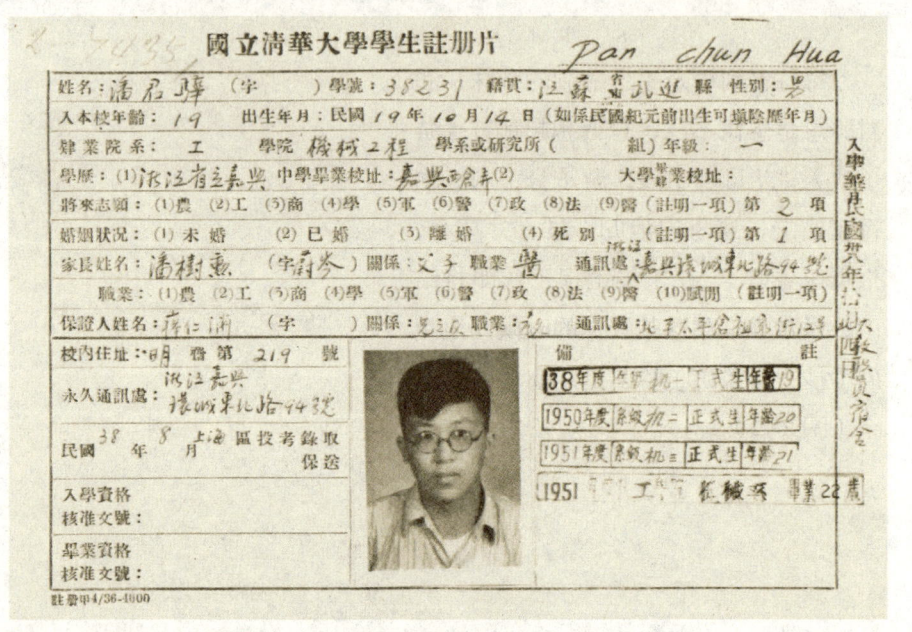

图 2-3 潘君骅清华大学学籍卡

---

① 吴锦明访谈，2014年3月26日，苏州。资料存于采集工程数据库。

报到后，潘君骅的学号是 38231，这一学号被反复记录在他清华读书时学习笔记的扉页上。宿舍被分派到明斋219号①，四人一间，室友有孙一康、唐树成、汤坤荣。后来潘君骅还搬过两次宿舍，先搬到新斋，后又搬回明斋。毕业这一年，潘君骅和吴锦明合住一个宿舍②。

为照顾南方来的新同学，在清华大学食堂吃饭的第一天，学校安排了白米饭。但第二天就马上改吃高粱米了，潘君骅刚开始很不习惯，肚子未饱但就是吃不下去。

图 2-4　1949 年入学时，潘君骅与同学在宿舍明斋前合影（从左至右：依次为潘君骅、王家善、杜程德、包慎良）

在清华上大学时，大家的生活费都非常有限，每个月除了吃饭，还要买一些生活用品，如洗衣服的肥皂、学习上的演算纸等。

那时候清华没有奖学金，学生入学后可以申请助学金，由学生本人提出申请，再由学校根据家庭情况审核和评定。三等助学金是每个月八块钱。潘君骅大学时期的生活费除了每个月八块钱的助学金，家里还要补贴一点。

参加开国大典

1949 年，潘君骅入学之后没多久就是 10 月 1 日，正逢开国大典。班上所有学生都要到天安门参加游行，新生们自然兴高采烈，潘君骅也不例外。半个多世纪过去了，他对当时的情景仍历历在目。

---

①　国立清华大学学生注册片——潘君骅。存于清华大学档案馆。
②　吴锦明访谈，2014 年 3 月 26 日，苏州。资料存于采集工程数据库。

早上天没亮就起床了，在明斋前面的操场上集合，关照一些注意事项，其中有一条是不让带小刀，互相检查有没有带小刀，还发一点干粮，中午在外面吃。步行进城，在东单那边等了很久才进入天安门广场，"三座门"当时还没有拆掉。回来是从西直门坐敞篷货车到清华园火车站，到校时天已经黑了。整整一天，那时年轻，也不知道累。①

清华大学举"队"字旗的学生叫丁祥麟，和潘君骅是同班同学。同为清华大学新生的吴锦明对参加这次开国大典的活动也是印象深刻。

图2-5　1949年10月1日，清华大学机械工程系学生参加开国大典（举"队"字旗的是丁祥麟）

那天先在天安门前广场内集合，在广场中间有一个升旗用的旗杆。下午大会开始，毛主席在天安门城楼上宣布中华人民共和国成立。当五星红旗缓缓升起，我们都激动万分，许多同学流下了热泪，然后开始游行。当清华大学的队伍从天安门前经过时，毛主席看到清华大学校旗，就喊清华大学的同志们万岁，我们的队伍沸腾了，等游行结束回校已是深夜。②

参加天文学习会

刚进清华时，课内、课外的学习气氛都比较宽松自由。课程实行学分制，有必修课也有选修课。课外可参加各种社团，有学术性的，也有文娱

---

① 潘君骅访谈，2014年10月17日，苏州。资料存于采集工程数据库。
② 吴锦明访谈，2014年3月26日，苏州。存地同①。

性的。潘君骅参加了天文学习会和歌咏团。

潘君骅初入清华时，学校政治活动不多，各种学生社团非常活跃。比如天文学习会，成立于 1950 年 3 月 24 日，由物理系的高年级学生叶式辉、沈良照、杨海寿、孙良芳等人组织和操办[①]。清华的管弦乐队水平也比较高，那时候苏联或东欧有文工团来访，都要清华派管弦乐队去接待和伴奏。清华大学的管弦乐队经常出国演出，很有名。到潘君骅毕业时，由于清华的政治运动、政治学习越来越多，学生的课余时间有限，有些社团难以维系，就慢慢解散了。

培养了对天文的爱好

潘君骅很早就对天文产生了兴趣。小时候夏天在嘉兴乘凉时，躺在木板上仰望天空，虽见满天星斗，却一无所知。

在天文学习会里，发起者和参加者一起进行了系统的天文学知识学习，并有系列的读书报告活动（表 2-1），潘君骅每次都积极参加这项活动并认真做笔记。

表 2-1　潘君骅参加天文学习会的读书报告活动

次数	时间	报告人	题目
第一讲	1951.2.9	叶式辉	天文学概况（上）——天文学的历史
第二讲	1951.2.24	沈良照	天文学概况（下）——天文学的一般内容
第三讲	1951.3.11	沈良照	星空巡礼（上）
第四讲	1951.5.13	沈良照	星空巡礼（下）
第五讲	1951.10.26	杨海寿	球面天文学
第六讲		秦明华 陈慧男	太阳系
第七讲		汪永铨	太阳
第八讲		刘宝琳	天体力学
第九讲		张驯良	彗星

资料来源：潘君骅在清华大学读书时期的天文学习笔记，资料存于采集工程数据库。

---

① 潘君骅在清华大学读书时期的天文学笔记。资料存于采集工程数据库。

天文学习会的活动还包括不定期邀请天文学家来做报告。潘君骅听的第一次特邀报告是戴文赛①的讲座，题目是《关于太阳我们知道的还很少》。演讲从外层物理情形、黑子、色球爆发、磁场和能量的来源五个方面对太阳进行了介绍，潘君骅的天文学习笔记详细地记录了这次演讲的内容。除了戴文赛，还有张钰哲②等著名天文学家被邀请到天文学习会里来做演讲或报告。

除了听取这些学术报告外，潘君骅还自学了很多天文学知识，比如他的笔记里详细记录了彗星、星系、变星、岁差、昴星团、食变星等概念；还摘抄了1951年的行星动态、中国古代天文学上的伟大贡献、苏联的天文学家等。通过天文学习会的交流活动和自学，潘君骅在天文学方面的知识储备和见识都进步很快，充分培养了潘君骅对天文学的爱好，以至于在他毕业后，只要接到天文学习会的活动通知，还会积极参加。比如1952年9月21日，天文学习会组织参观东城泡子河观象台活动，当时潘君骅正在中国科学院进行学习培训，得知后立刻抽空赶去，他在日记中写道：

> 下午二时半去泡子河观象台参观古代天文仪器，共八件，非常精美。以御制玑衡（横）抚辰仪为最好，惜乏人照顾，损坏很大。天球仪南极之轴已出轴承，此对其完整影响很大，应该及早修理并加管理。③

这些观察记录不仅是潘君骅对天文学的浓厚兴趣使然，还可见其对天

---

① 戴文赛（1911-1979），福建龙溪人，天文学家。1932年毕业于福州协和大学数理系，1941年获英国剑桥大学博士学位后回国，历任中央研究院天文研究所研究员、燕京大学教授、北京大学教授、南京大学教授。1962年任南京大学天文系系主任。致力于太阳系演化学研究，提出太阳系起源的新星云说。

② 张钰哲（1902-1986），福建闽侯人，著名天文学家。1919年考入清华学堂，1923年入读美国芝加哥大学天文学系，获美国叶凯士天文台天文学博士学位。1928年发现1125号小行星，命名为"中华"。中国科学院紫金山天文台研究员、台长，中国天文学会理事长，中国科学院院士（学部委员）。长期致力于小行星和彗星的观测和轨道计算工作，与团队一起发现了许多星历表上没有的小行星和以"紫金山"命名的三颗新彗星。为表彰他在天文学上的贡献，1978年8月，国际小行星中心宣布将第2051号小行星定名为"张"（zhang）。

③ 潘君骅日记（1952-1953）。存于潘君骅苏州家中。

文仪器敏感性的一丝痕迹。

除学习知识外，天文学习会的其他实践活动也很多，比如天文观测。有一次，天文学习会的成员——气象系的刘宝琳测算出某月某日凌晨有月掩金星天象。于是，学习会召集大家准备进行天文观测活动，并提前从气象系借了一架德国进口的蔡司120毫米口径望远镜。大家起个大早到操场，发现月亮离金星还相距甚远。原来，计算的时刻是对的，可是报错了一天。待到第二天再来看，果然观测到月掩金星天象，而且预报的时刻很准。初试天文观测让天文学习会的会员们都激动不已。

后来，大家还用这台望远镜观察了木星、土星等星体，这是潘君骅最早接触天文望远镜，也是最早使用天文仪器。以至于后来潘君骅自己磨镜片时，脑海中出现的都是这台望远镜的影子。

为了便于大家熟悉星座，叶式辉还让潘君骅刻蜡纸、画星图，油印在画过的工程画练习图纸背面，分发给大家。为了精准地画出星图，潘君骅下了不少功夫进行练习，在他的天文笔记中随处可见亲手绘制的星图。

痴迷天文望远镜磨镜片

大学时期，潘君骅在课外一直学习天文知识和磨镜片，这占用了他大量的时间，甚至影响了正常上课，使他在班上也有些另类。大一时，两次物理课小考都很不理想，大考时潘君骅开始急了，摒弃一切杂念刻苦复习，考了九十多分，才算是将总分扳了过来。

潘君骅几乎是利用一切空余时间做和天文爱好相关的事情。掌握了伽利略望远镜的原理之后，一年级暑期回嘉兴时，潘君骅找到父亲的一片老花镜片和二哥的一片深度近视镜片，再用两个废弃的手电筒做成了一个简单的低倍数的伽利略望远镜，用来看月亮还是比肉眼效果好不少。那时他非常渴望有一架口径50毫米的望远镜，但是只能想想而已。

紫金山天文台的张钰哲也是一个磨镜爱好者，他从国外带回来一套器材，有镜坯、磨料、红粉、细砂等。早在20世纪50年代，美国的天文仪器就很先进了，天文爱好者可以方便地购买到成套的天文器材。

天文学习会里的孙良芳有一个 2 英寸的双胶合物镜,他自己用纸做镜筒制成了一个简单的望远镜,让大家都十分羨慕。潘君骅曾写信给上海的一家光学公司,询问磨一块 50 毫米口径平凸透镜的造价。当时潘君骅每月的伙食费是 8 元,当获知造价 50 元时,潘君骅只能试图自己磨镜头。

当时磨镜片全凭个人兴趣,没有人指导,也不知道可以找参考书。实际上是有参考书的,只是我没有想起来。完全凭自己的感觉,找厚一点的碎玻璃去磨。如果学校有业余指导,对我来讲肯定会有事半功倍的收获。[1]

同学们都把潘君骅对天文的痴迷看在眼里,"潘君骅对天文、对光学是很早就有兴趣的,他在这方面最后有成就,就是因为他一开始就在这方面花了大量的时间,有兴趣也有研究。"[2]

清华园的三年大学生活

潘君骅清华时期的同班同学吴锦明认为:清华本科三年培养的机械工程专业不够"专",只教给了专业里面一些最基本的东西,如描图、机械原理、热处理等。

课程学习

机械系一年级开设的都是基础课,如数学、物理等。二年级开设有材料力学、理论力学、钢铁热处理、机械原理、机械制图等课程,还有制模实习等(图 2-6)。

---

[1] 潘君骅访谈,2015 年 3 月 19 日,苏州。资料存于采集工程数据库。
[2] 吴锦明访谈,2014 年 3 月 26 日,苏州。存地同[1]。

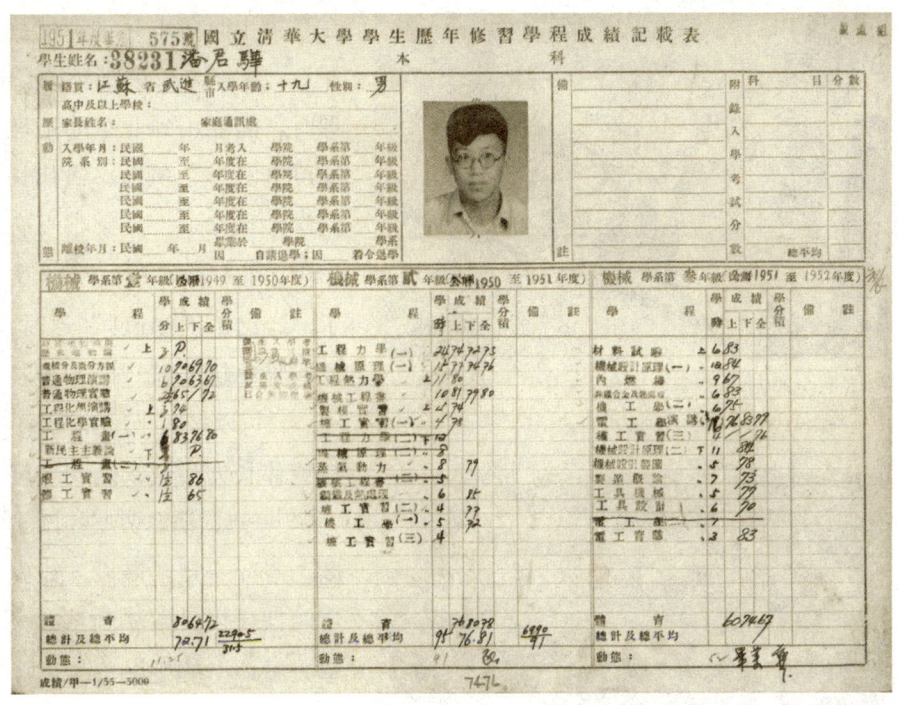

图 2-6　1952 年潘君骅清华大学成绩单

  大一的普通物理课由余瑞璜讲授，不过他的课没有助教何成均的受欢迎，很多同学都去听何老师的课。大一时，潘君骅还特意去听过华罗庚的数论并坚持了一个学期，认真做了笔记，开始还做习题，但发现即使解一道普通数学题花的时间也很多，于是潘君骅自认为没有学数学的天赋。

  大二时，潘君骅曾想转物理系，但因为物理课成绩不够好，没有底气去申请。那时候，潘君骅自己做了个决定，以后向精密机械和光学仪器方向努力。为了旁听物理系叶企孙的光学课，尽管和机械系的木模课时间冲突，潘君骅仍悄悄放弃了本专业的木模课去听叶先生的课。

  钱伟长教材料力学。他讲到共振时说，美国有一座桥在设计时忽略了当地很有规律的一种风，在某个季节到来时一阵阵有固定的频率，正好和桥的自振频率相同，桥建成后遇到这风就被吹得像拧麻花一样。潘君骅毕业后，在为仪器馆整理图书时发现一本英文书里确实有这桥被风吹扭曲的照片。作为知名教授，钱伟长很骄傲，他曾在授课时说，"给你们上课，我只要早上坐

图2-7 1950年，潘君骅与同学在清华大学图书馆前合影（从左至右为杜程德、潘君骅、王家善）

图2-8 1950年，潘君骅（左）与同学吴文晶（右）在清华大学操场上

在马桶上时备十分钟课就行了"。有一次在讲刚体力学课时，需要用到北京的地理纬度计算一下例题。钱伟长问学生谁知道，大家都没有作声，他就教训道："大学生了，连这都不知道！"这时，潘君骅站起来说，"四十度差一点，可以按四十度算"，不料钱伟长先生说，是四十度"多"一点，潘君骅坚持四十度"差"一点。最后，钱先生叫课代表吴宗泽到系办公室去看墙上的地图，吴宗泽回来用手比画说，离四十度线不到一点点。当时，钱伟长很尴尬。潘君骅那时正热衷于天文，非常熟悉北京的纬度是三十九度五十几分[1]。

刘仙洲讲授工程热力学，他备课很认真，讲课也很认真。之所以有这个印象，潘君骅认为：

> 这是因为有对比，钱伟长先生比较骄傲，刘仙洲先生就不一样，很谦虚，讲课也非常认真，教材也是刘仙洲先生自己编的，还是英文版教材。当时有好几门课用到的是英文教材，除了工程热力学，还有材料力学、工程画（制图）等。[2]

---

[1] 林以勤：潘君骅：当年顽童结缘天文光学．《常州日报》，2011年5月26日．
[2] 潘君骅访谈，2014年12月19日，苏州．资料存于采集工程数据库．

政治学习

在清华读书期间，政治学习主要是听费孝通先生的大课——新民主主义论。学校也经常有不定期的政治报告，请社会名流来校做报告。潘君骅印象最深的一次是请伍修权来报告他出席联大某次特别会议的过程。那时正值新中国成立初期，政治活动占用了学生很多时间，在一定程度上对正常教学造成了一些干扰。

不过，名人做报告有一些不完全是政治性的，有的报告会讲一些学习方法、工作方法等。比如钱正英做报告时，就说到她自己的一个经验：毕业参加工作后，她都准备个本子，把工作上的一些东西记下来，这个很有好处。受这次报告的影响，潘君骅工作后也用小本记工作笔记并坚持至今。

1950 年朝鲜战争爆发，学校组织大家围绕中国是否该出兵的问题进行讨论，后来号召大家走出学校到工厂去宣传，这是全校都参加的活动，机械工程系被安排到长辛店宣传。潘君骅由于头年暑假在嘉兴划船过度扭伤了腰，尚未痊愈，故未能随第一批宣传队外出。后来伤稍好一些，正好同学张永备家里来了电报，潘君骅借机送电报一个人去了长辛店，留下和大家一起开展抗美援朝的宣传活动。

抗美援朝开始，受参军参干的号召，绝大多数同学都报了名，潘君骅也很想参加，但因为腰伤时而发作，知道体检肯定通不过，所以就没有报名。虽然最后批准的人很少，但对潘君骅而言总是一件憾事。

抗美援朝宣传时，还有一项活动，潘君骅也是参与其中，那就是机械系的同学一起到城里给石油总局描图，描的都是普通的工程图纸，根据已画好的图描图。描好图再去晒图，晒图可以晒多张，画出来就一张。这个工作持续了一个暑假（图2-9）。

图 2-9　1950 年，潘君骅为石油总局描图时与机械系同学合影（前排左二为潘君骅，前排右二为王家善）

石油总局付给学生们报酬，学生们就把这些钱都捐出来支援抗美援朝买飞机，也算是参加抗美援朝活动了①。

生产劳动

清华的大学生涯中还包括生产劳动，那时学生从事的生产劳动就是种菜。菜地就在清华园边上。

潘君骅被选为班级的生产委员，带着大家一起种菜。

> 北方每畦菜地的四周都是高于种菜的部分，和南方正好相反。我开始觉得奇怪，后来马上就想通了，因为北方雨少，经常要人工灌溉，而南方雨多，需要自动排水。②

为了收集肥料，学生们还必须下到宿舍明斋下面的化粪池里淘粪，大家都是咬牙去干这些脏活累活。在强调劳动光荣的大形势下，作为生产委员的潘君骅自然要带头下到粪坑里去挖粪，这段记忆让他难以忘怀。

大学生们的生产劳动是为了让其体验劳动的辛苦，培养对劳动人民的感情。学生是革命的主力，当时的思想改造运动是帮助老师改造思想，因此谈不上对老师太尊重。但是学生们非常尊重劳动人民，当时包括潘君骅在内的学生在思想上非常明确：将来一定要为人民服务，因为是劳动人民养活了大学生。

毕业分配

大二将结束时，潘君骅得知他们这一届的理工科学生将提前一年毕业。原因有两个：一是国家急需人才，二是1952年的内需调整，国家的很多秩序都打乱了，教育战线也不例外。能提前一年毕业，潘君骅当时觉得挺好，

---

① 吴锦明访谈，2014年3月26日，苏州。资料存于采集工程数据库。
② 潘君骅访谈，2014年12月19日，苏州。存地同上。

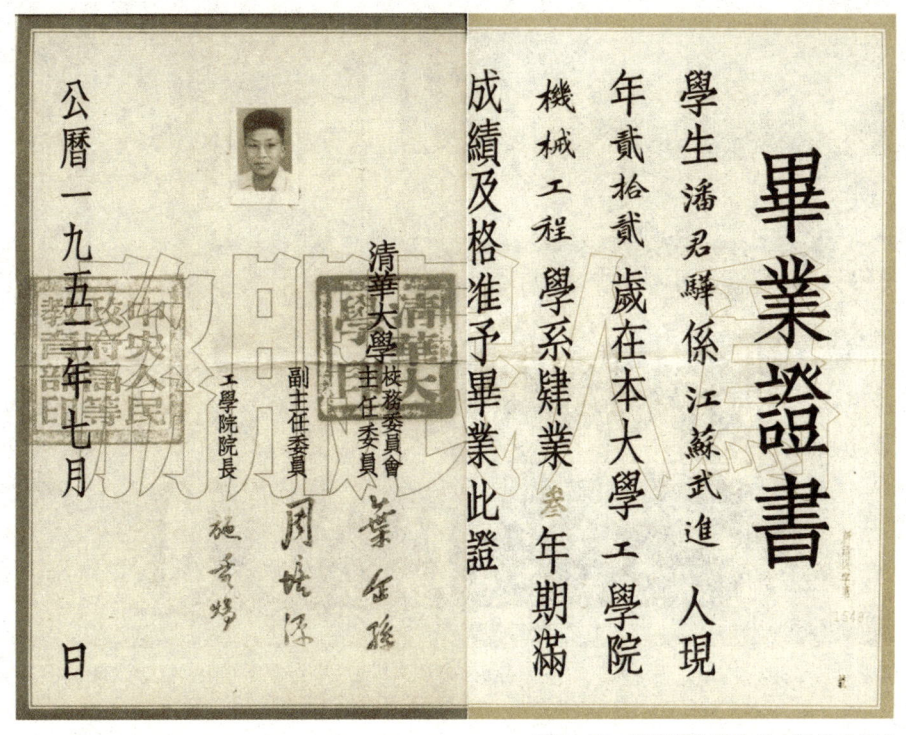

图 2-10 潘君骅清华大学本科毕业证书

不过潘父认为大学少学一年对学生不公平，是学生在受教育上的损失。

潘君骅这一届机械工程系的学生一入学报到就分了四个组，潘君骅被分在一组，这组上海区的学生最多，有三分之二左右，吴锦明也在这一组。分组后，组内活动相对比较多，组内同学之间的交往也多些，毕业时大家也自觉地分组合影留念（图 2-11）。

1952 年清华大学的毕业生构成比较复杂。

> 1952 年清华毕业的有三拨学生。有 1948 年入学、正常四年毕业的学生，叫 521；还有 1947 年入学、已经念了 5 年的，但是后来改革了，算毕业以后再实习一年，也在 1952 年毕业，这个是 522。还有像我们是 1949 年入学的，也在 1952 年毕业，我们叫 523。所以我们那一年毕业的有大学三年级、四年级和五年级的三类学生同时毕业，这

第二章　结伴北上　选择清华　　47

图2-11　1952年7月，清华大学52—53届机械工程系毕业生一组合影（前排右二为潘君骅）

是前所未有的。①

毕业前，中国科学院提前到清华大学来招生，潘君骅早先已从报纸上了解到王大珩、丁西林、钱临照等几位科学家发起要筹建中国科学院仪器馆，地点就在北京。潘君骅正沉迷于天文望远镜，因为学的是机械制造专业，仪器馆将来很可能会做光学仪器，和潘君骅的兴趣一致，去仪器馆恰如所愿，便欣然填写了毕业分配申请表。

那时毕业都是服从统一分配，总的形势是批判个人主义、名利思想，强调个人服从国家，号召大家服从组织分配。虽然填了毕业分配申请表，但潘君骅心里一点把握都没有。最后宣布潘君骅被分配到仪器馆时，他不禁喜出望外。不过潘君骅也有点小遗憾，就是原先得到的通知是仪器馆建在北京，分配发榜时地点却改到东北长春了。对于潘君骅的毕业分配去向

---

① 吴锦明访谈，2014年3月26日，苏州。资料存于采集工程数据库。

还有一个小插曲，潘君骅记得很清楚：

  当时的校党委书记何东昌在毕业分配学习总结大会上说，只要不是从个人名利出发，个人志愿是会照顾的，并且不点名举了我的例子，说是照顾个人兴趣。我一听就知道说的是我，不过他那时把望远镜说成显微镜了。[①]

[①] 潘君骅访谈，2014 年 12 月 19 日，苏州。资料存于采集工程数据库。

第三章
得偿所愿　分到仪器馆

中国科学院的集中学习

宣布毕业分配名单后，潘君骅是班上第一个去单位报到的。与清华大学其他系分配到中国科学院的同学一起，潘君骅到文津街中国科学院院部报到。报到时，清华大学物理系的学生比较多，有唐孝威、刘顺福、叶式辉等。还有北京别的高校分配来的，如北京大学的邓锡铭、陈庆云，辅仁大学的张佩环等，一共有二十多人。这二十多位新成员被组成一个临时学习班，学习持续了一个多月。

根据潘君骅日记记载，当时学习内容如下：

8月28日上午，学习胡乔木在中科院第二次院务会议上的报告，讲了四个问题。下午参观匈牙利国家展览会。

8月29日上午，学习郭沫若在中科院第二次院务会议上的报告及总结报告。未讨论。

8月30日上午,听陈伯达录音报告。关于科学院思想改造。

8月31日上午七时,先进生产经验介绍展览会。

9月1日,郭沫若报告临时改期,下午学习陈伯达报告。

9月2日上午九时后,再学陈伯达报告,下午二时半讨论。

9月3日,郭沫若院长来作报告,介绍科学院的总体情况。晚上竺副院长介绍生物、地理、地球物理各所情况。

9月4日上午,吴副院长在礼堂报告关于理工方面的情况及各所情况。下午参观近代物理所和应用物理所。

9月5日下午,刘大年报告。

9月6日,七时半坐车去西区几个所参观,有植物分类研究所、昆虫研究所、动物标本委员会,先听介绍,再参观。吃馒头后参观动物园。二时半继续参观,四时返回。晚七时半,院方在青年宫举行晚会欢迎我们,并有最近回国的青年文工团精彩表演。

9月8日,去辅仁大学听轻工业部部长报告,内容关于我国轻工业现况及对科学院的要求和希望。

9月10日,学习陈伯达报告,重点是理论联系实际。

9月11日,上午听纺织工业部报告。下午学文件。

9月12日,上午九时在辅仁大学礼堂听农业部李书城部长报告。下午学文件,晚上讨论。

9月13日,上午听林业部梁希部长报告。下午讨论陈伯达报告的理论联系实际问题。

9月15日,上午重工业部报告,下午学习文件。

9月16日,听燃料工业部报告,重点是煤、电力、石油。下午讨论陈伯达报告,并结束讨论。

9月17日,上午参观北京区城乡物资交流大会。晚上,王大珩副馆长介绍情况,说现在条件还较差,要有心理准备。

9月18日,小组讨论昨日介绍的情况。

9月19日,上午听铁道部报告。下午学习日丹诺夫文章《关于自然科学和批评与自我批评》。

9月20日，交通部报告。下午参观一家庭工业——体温计厂。晚上学习时事。

9月22日，产业部门报告暂停。上午学时事，下午讨论。

9月23日，卫生部傅连璋报告，谈到他个人参加革命经历。下午参观美帝细菌战罪行展览。

9月24日，水利部张含英副部长报告。

9月25日，上午听教育部钱副部长报告。下午去捷克大使馆参观仪器展。

9月26日，上午刘大年在礼堂作思想改造学习总结报告。下午参观北京仪器厂。①

可以看出，当时临时学习班的主要活动是听报告、学文件、讨论等。集中学习结束后，新成员纷纷离开院部，到各自单位报到。仪器馆当时还是筹备处，位于离文津街不远的真如境。潘君骅到仪器馆筹备处报到，很快就见到王大珩馆长。王大珩带领新报到的同志到各处参观学习，先去一个私营小厂参观体温计的制造过程；再到物理研究所参观光学车间，这个光学车间划归仪器馆，也将搬到长春。这时，潘君骅才知道磨光学镜头的规范流程。

参观活动结束后，分配到仪器馆的大部分人，包括1951年分配到仪器馆筹备处的唐九华、刘颂豪、郑璋等都先行去了长春。潘君骅则被王大珩留下来整理和登记几箱将要运往长春的图书。这些图书都是外文图书，主要是英文的，有一部分是从英国带回来的。

1952年10月7日中午，正埋头整理图书的潘君骅接到王大珩来信，嘱咐他去清华大学要俄文速成学习资料。下午二时半，潘君骅乘清华校车赶到清华园内甲所，先去见比他高二级、做过其班级助教的吕应中老师并说明来意，吕老师婉转拒绝。潘君骅再去找同班同学、留校做助教的周家宝，顺利要到了一份第一期的讲义，可作参考，但不能作教材。潘君骅立刻把这份讲义寄给了王大珩。

---

① 潘君骅日记（1952–1953）。存于潘君骅苏州家中。

仪器馆初建

1950年8月24日,中国科学院政务院的政务会议上一致通过李四光、贺诚、韦悫和丁西林四位副部长提出的设立仪器工厂的建议,仪器厂归中国科学院领导,定名为中国科学院仪器馆,由丁西林[①]和王大珩负责筹备,设立筹备处[②]。当时在大连工学院任教的留英光学专家王大珩教授由钱三强[③]推荐到筹备处,负责具体筹建工作。

1951年1月24日,经中国科学院院务常务会议研究批准,在北京正式成立中国科学院仪器馆筹备委员会,丁西林任主任,王大珩为副主任,主持日常工作。

由于经费问题,王大珩将原计划在北京建立的仪器馆从北京迁到长春。那时国家百废待兴,在北京要建设的项目太多,而当时国家的投资重点是工业方面,研究所还在其次。仪器馆如果设在北京,获得建馆经费的时间要往后推几年。而那时在东北主持工作的高岗[④]说东北人民政府可以投入经费马上建馆,王大珩急于创业,义无反顾地去了东北。1952年年初,中国科学院决定由仪器馆筹备委员会和东北科学研究所(中国科学院长春应用化学研究所的前身)联合在长春组建仪器馆,王大珩、龚祖同随即到长春开始办理接管手续[⑤]。

---

① 丁西林(1893-1974),江苏省泰兴县人,物理学家。1914年入英国伯明翰大学攻读物理学和数学,1920年归国,历任北京大学物理系教授、国立中央研究院物理研究所所长。1950-1957年任全国科普协会副主席,后任中国科协副主席、文化部副部长、中国对外文化联络委员会副主任等职。

② 郭沫若在中国科学院仪器馆筹备委员会第一次会议上的开会词。存于中国科学院长春光学精密机械研究所。

③ 钱三强(1913-1992),中国科学院院士,著名物理学家。当时任中国科学院计划局副局长,负责中国科学院建院期间研究机构的设置和人员配备等工作。

④ 高岗(1905-1954),陕甘边革命根据地领导人之一,中华人民共和国中央人民政府副主席。1949-1953年任中共中央东北局书记、东北人民政府主席、东北军区司令员兼政治委员。

⑤《所志》编委会:《中国科学院长春光学精密机械与物理研究所所志(1952-2002)》。长春:吉林人民出版社,2002年,第5页。

1952年10月25日,潘君骅和物理研究所光学车间的同志一起坐上开往东北的火车。车经过沈阳时已是晚上,天很黑,龚祖同当时正好在沈阳,他亲自到车站接见新同事,大家都深受感动。

初创时的人员

1952年仪器馆初创时,人员构成比较复杂,大致分为以下几个部分:

(1) 王大珩自己物色的高级研究人员和技术人员,包括龚祖同、张静安、吕大元、杨龙生、贾国永、王守中、蒋潮江、卓励。

(2) 长春实验工厂(今长春材料试验机厂前身)、沈阳感光纸厂和东北工学院教具厂的设计人员,包括成忠祥、邵海冥、刘绍宽、王宏义、田世文;车间人员包括张德瀛、刘岐山、赵君鹏、刘文英、刘文富、王志顺、张长贵、耿昌、杨乐天、胡笃悦、张鸿勋、闫善敏、孙立荣、李超杰、张青等。

(3) 从北京应用物理所拆分去光学车间的人员,包括宋从武、喻涛、缪祥松、张沛凤、楼绍江、顾冠章、闫秋兰、赵学文、李壮声、徐家仁、李燕生等。

(4) 原长春东北科学研究所物理研究室光学仪器组和实验工厂的研究人员,包括龙射斗、陈星旦、袁幼新、冯家璋、顾去吾。

(5) 大学毕业分配来的学生,包括1951年毕业的唐九华、刘颂豪、郑璋、钟永成;1952年毕业的邓锡铭、张佩环、刘顺福、潘君骅、汪廷相、丁衡高、崔志光、王之江、王乃弘、吴世法、姚骏恩、沃新能、卢国琛、沈人骥、陈国勋、梁浩明、周盘麟、干福熹、陈庆云、秦启灼、王世焯等。

(6) 从上海招聘的一批高中生,包括蒋厚震、杨秀春、王克家、戚国勋、吴慎、吴兆庆、江永福、金志良、刘训阁、单洪良、王心贤、丁培华、朱耀堂、张厘遂、许隆珍、何文英、曹绮臻、欧阳棣棠、顾马法、应书昌、陈靠恩、王菊林、王树森、杨耀祥、任锡荣、张国权等。

(7) 在东北招的一些年轻工人,主要是车间金工,包括张泰、张作舟、张竹林、刘吉利等。

（8）其他来源的职工，如赵吉林、朱申生、田广兰、鲍希桓、康永华、冯兆新、佘杰、曾道远等[①]。

如此复杂的人员构成决定了仪器馆成立早期开展的工作也比较混乱。

早期开展的工作

仪器馆成立后，王大珩倡导主动给国家解决问题，而不是等着国家下达任务。那时，国家对科研工作的规划管理没有那么具体。王大珩就根据他的一些观念、理解和已有研究积累，在与其他物理业务部门的交流中摸索出一些项目，并把这些项目立项，设计后交给科研人员去做。据当时潘君骅的同事张礼堂回忆：

> 这种工作模式很有意思，一个人就是总设计师，他下面有一两个研究学生，现在叫见习员或者是助理技术人员帮助他制图、做联系工作。好像每一个人都能独当一面。[②]

当时启动的项目有设计熔炼光学玻璃的炉子、显微镜物镜的光学及机械外壳设计、研制30倍读数显微镜、做一些材料试验机产品。王大珩的一期目标是把零件不多的读数显微镜设计出来。

有一次新产品50吨材料试验机试车，当压力加到一定程度，材料试验机的一根主梁突然崩断，原因是这个零件设计者竟然用的是铸件，而且没有做过力学计算。所以，材料试验机产品就成为一个研究项目，利用原有基础、已有条件对材料试验机进行改造、优化。

那时仪器馆的工人只有东北原有的一些车工，只会做粗加工。王大珩特地从上海光学仪器厂请来会干精细活的车工，让他们做示范，这些熟练的车工就穿着白衬衫在车床上干活，不穿工作服，也不会弄脏衣服。

[①] 《所志》编委会：《中国科学院长春光学精密机械与物理研究所所志（1952–2002）》。长春：吉林人民出版社，2002年，第5页。

[②] 张礼堂访谈，2014年3月17日，成都。资料存于采集工程数据库。

还有一项工作是验收、安装、调试从国外定购的仪器和精密机床，如滚齿机、装配车床、自动螺纹车床、磨床、万能工具显微镜等。

生活条件

1952年10月26日，潘君骅到达长春时，总务科的人来接站，用马车把大家拉到铁北[①]，先安顿好住房，宿舍是日本人留下的二层小楼。

二楼宿舍一排六间，四人一间。第一间住了沈人骥、唐九华、丁衡高和汪廷相；第二间有崔志光、刘顺福；潘君骅的宿舍在第三间，室友是干福熹、周盘麟、吴世法。干福熹记得："我和潘君骅同一个寝室，他像一个大姑娘一样不说话，很文静，他做他的事、看他的书。"[②] 第五间是大连大学来的四个学生王之江、王乃弘、沃新能和姚骏恩，最后一间有佘杰、王世焯。

办公楼离宿舍很近，是东北材料试验机厂一层楼的旧房子。初到长春时，生活条件比较艰苦。

> 仪器馆在铁路北面，我们叫它铁北，材料试验机厂的一个厂房就在那儿，那里有一些宿舍，还是日本人留下来的一些旧的建筑，房子很小，我们分配的学生都住在那里。吃饭就在宿舍后面隔了一个场地，由旧厂房改成的食堂。吃的是高粱米、白菜粉丝猪肉汤，王先生也在那儿吃，而且吃得很香，看到王先生都这么吃，我们就一点怨言也没有了。那时候并不觉得艰苦，就是觉得冬天冷一点，10月份去的时候树叶都已经掉了。[③]

王大珩嘴上不说什么，但他以自己的行动告诉大家：他面对艰苦的环

[①] 仪器馆最初的馆址选定在长春市铁路北侧天光路一座日伪时期遗留下来的采矿株式会社旧址，这里有空闲房屋和一些建筑可以利用。

[②] 干福熹访谈，2014年11月7日，上海。资料存于采集工程数据库。

[③] 潘君骅访谈，2014年10月16日，苏州。存地同②。

境甘之如饴。年轻的科学工作者都为之感动。

因为食堂的伙食没油水，年轻人不得不找地加餐去。

> 到了星期日，经常要约两个人到市内的国营食堂去加点油水，经常同去的是王乃弘和周盘麟，有时是唐九华和汪廷相。国营食堂的名菜是番茄猪排，8角钱一大盘。有一次圣诞节，周盘麟提议到长江路乌苏里餐厅去"洋"一下，三个人吃掉10元，当时算是很奢侈的，至今记忆犹新。好在周盘麟主张AA制，算得一清二楚。还有一次，螃蟹上市，很便宜，我们买了一些，到经常去吃饭的小餐馆让老板煮一下，再点几个菜，吃得很开心。[①]

初到长春的工作

潘君骅刚到长春时，仪器馆已组建光学物理、光学玻璃和机械三个研究室。先期到达的人都已分配好工作。

机械室主任是张静安，上海交大毕业，留学英国，广东人；副主任成忠祥，原材料试验机厂的，东北人。当时机械室的主要工作是设计炼玻璃的熔炉。潘君骅等新来的大学生都由张静安安排工作。

技校教书

因为机械室的设计任务不多，先期到的同志都已安排满。晚几天到长春的潘君骅就被分到技校去教书。潘君骅看着机械室的同事挟着书和计算尺进进出出忙机械设计，不胜羡慕。那时工作分配上"服从"是第一位

---

① 潘君骅：回忆往事。见：中国工程院学部工作局编，《中国工程院院士自述第二卷》。北京：高等教育出版社，2008年，第140-141页。

的，潘君骅尽管心里羡慕，还是毫无怨言地去新的岗位认真工作。

仪器馆设立技校的目的是培养自己的技术工人，主要是试制车间的技术工人，而试制车间属于机械研究室。潘君骅在技校的教学任务是教金工和代数两门课程。接到这一工作任务后，潘君骅尽己所能，精心备课、认真讲课。比如，为了教大家使用游标卡尺，潘君骅先把它的原理弄清楚，再用简单的数学语言表达出来。

技校的学生主要是从上海招来的高中生和一些东北本地的年轻工人。这些年轻人很快就和潘君骅相处融洽，也很尊重这位年纪相仿的老师。在东北过第一个春节时，几个上海的学生王树森、陈靠恩、王菊林等不回家，自己在锅炉房因陋就简地烧了一顿年夜饭，还特意邀请潘君骅参加。几个东北本地的男孩，像张竹林、张作舟、刘吉利等也都很喜欢潘君骅。

潘君骅在技校专职教书不到一年，就被调回机械研究室，开始边做机械边教书。这一时期，潘君骅的工作是负责仪器的机械部分，包括测绘图纸、编工艺、下车间。还做了一些仪器的改造和仿制工作，从设计到工艺、施工都要管，如炮队镜改经纬仪、试制沼气检定仪、研制气体流量计、修复青岛观象台小赤道仪镜筒、仿造意大利经纬仪等。由于没有相关工作经验，这一段时间的工作对他而言很辛苦。

参与炮队镜改经纬仪

炮队镜改经纬仪是地质部交来的任务。地质部有一批日本军用炮队镜，想改造成大地测量用的经纬仪继续发挥作用。

这个工作布置下来时，方案已经确定：镜筒基本不动，改广角目镜为普通目镜，用齿轮齿条移动分划板调焦。这一方案里最原则性的不合理之处是用移动分划板调焦。大地测量仪器应该用内调焦光学系统，如果调焦时分划板动了，基准线就动了，测量精度就无从谈起。对此，当时潘君骅的日记是这样记录的：

  1954年8月9日，星期一，晴。今日在会议室讨论改装经纬仪事，他们都表示就原有情况修理一下拿去用再说，不要大改。我提出要改，要换镜筒，遭反对。后地质部叶君亦表示就这样，所以只好这样做。但此事总是不安于心……①

潘君骅为了做小齿条，自己动手开滚齿机，但很难做好，与齿轮啮合不好。总的来说，潘君骅觉得这个工作做得很不舒心、很窝囊。

当时，仪器馆已在做几件大地测量仪器，有可能将来是一个方向。要做好大地测量仪器，研制人员就应该多学一些大地测量的基本知识，这对仪器的设计和制造都极为重要。因此，潘君骅向张静安提出到长春地质学院去听相关课程，但未获批准。无奈之下，潘君骅只好买些大地测量方面的书籍自学。

试制沼气检定仪

沼气检定仪是煤矿井下用来检测煤气浓度以保障安全的仪器。这台仪器从1950年开始试制，是仿制日本煤矿用的沼气检定仪，根据光学干涉原理重新设计的。

那个时候仿制仪器就是一个实物，没有资料，也没人指导。对于这项研究工作，潘君骅说道：

> 当时国内非常缺乏这方面的人才，仪器方面全靠自己摸索。光学设计方面由蒋潮江先生负责，他管光路。我在机械室，主要工作是参照日本样机把机械部分画下来。有样机就可以量尺寸，光学设计也是按照这个实物设计。我记得最头痛的是蒋先生经常要改零件，我刚画好图，他马上又要改。机械零件不是孤立的，改动这件肯定会牵涉别的零件，而且尺寸链也要重来。②

---

① 潘君骅日记（1954年）。存于潘君骅苏州家中。
② 潘君骅访谈，2015年3月19日，苏州。资料存于采集工程数据库。

在做沼气检定仪时，里面有一个气体盒。这个气体盒有三个槽，中间一个槽通沼气，矿井底下的沼气用办法把它通进去，旁边两个通道是空气，沼气进去以后，中间通道产生的干涉条纹和两边通道产生的条纹会发生移动，浓度越高，条纹之间的移动越大。这个气体盒是一个核心部件，约 1×2×10 立方厘米大小，密封性能必须很好才行。经过慎重考虑，潘君骅选用了当时仪器馆进口的大概10毫米厚的苏联铜板做气体盒——刨三个槽，做一个盒盖盖上，两边用玻璃封起来。潘君骅为此还很得意，觉得这个材料正合适，试验结果也很好，一点儿都不漏气。结果到车间加工时，一个叫杨乐天的车间工艺师悄悄向王大珩汇报，说潘君骅在浪费材料。王大珩一听就火了，也没问清楚，就直接把潘君骅叫去狠狠批评了一顿。潘君骅选用铜板的想法是考虑了很久才做的决定，根本不是随便浪费材料。因此，潘君骅觉得十分委屈。后来王大珩要王守中改工艺，王守中用薄铜皮弯出三个气室再加以焊接，结果总是漏气，最后还是改回了潘君骅的方案。

按领导意见，沼气检定仪主体要改开钢模铸铝（不是木模翻沙），潘君骅费了很大工夫把钢模设计出来、画出图，交给车间一个手艺最好的钳工去完成。在试浇铸的那天，张静安等都到了现场，第一次浇铝水没能充满全部空间，失败了，领导们悻悻地走了，没人说下一步怎么办。钢模铸铝是跨部门工作，如果继续试验，需要领导出面协调。潘君骅一时无所适从，钢模铸铝也自此打住。此事成为潘君骅心中的一个结。沼气检定仪的后续研制工作由楼岳接手。直到今天，当年研制的沼气检定仪现在还在生产。

> 当时有仪器问题的很多，气象的风速机、沼气检定仪、流量计，还有探矿用的磁力称等。我记得很清楚的是沼气检定仪，那时我都在车间，沼气检定仪是我们车间做的，但是哪些是老潘做的，我不知道。后来，我去看那个厂长，老厂长请我吃饺子，他还说到这些事，他说我们现在没有别的代替，还是这个（沼气检定仪），到现在还在生产，老潘听了以后肯定很高兴。①

---

① 卢国琛访谈，2014 年 11 月 7 日，合肥。资料存于采集工程数据库。

沼气检定仪后来获得了应用，1954年在莱比锡国际博览会上受到好评。据报道，中国科学院仪器馆自1955年开始生产沼气检定仪，并分运到全国各大煤矿使用。有了这种仪器，矿厂就可以随时精确地知道坑井中沼气含量，并采取措施避免爆炸[①]。

独立研制气体流量计

仪器馆最开始是为光学仪器服务，尤以显微镜和测量仪器等为工作重点。不过，潘君骅也做过跟光学无关的纯机械方面的工作，如气体流量计。

气体流量计是受锦州石油六厂委托的一个仪器研制项目，仪器馆完全交给潘君骅独立完成。其中，对气体流量计标定问题的处理，是潘君骅的一个创新。他请当时车间里的玻璃细工吹了一根长玻璃管，通过玻璃管和量杯等简单仪器，利用流出在量杯里的水流体积来标定玻璃管上的刻度，通过放水—压气体—过流量计—指针移动来调整和控制气体流量。

虽然这是仪器研制上的一个土办法，但颇为实用。王大珩对这个标定气体流量计用的土办法很是欣赏，从他向参观者介绍这一气体流量计时自豪的语气就能感受到。

修复青岛观象台小赤道仪镜筒

青岛观象台有一台德国进口的小天文望远镜——150毫米赤道仪，该仪器在抗战时被日本人拆走了镜筒，只剩下木质机架和转仪钟。青岛观象台方面希望给望远镜配一个镜筒，带投影屏，以便进行太阳黑子观测等工作。

天文望远镜对仪器馆是新事物，不过他们还是接受了这个修复任务。物镜设计由王之江负责；光学加工由缪祥松负责；镜筒的机械设计、加工

---

① 中国科学院仪器馆生产第一批沼气检定仪．《新华社新闻稿》，1955年第1865期，第9页．

由潘君骅负责。为了完成这一任务,潘君骅还专门去青岛、佘山等地考察有关望远镜。

对潘君骅而言,最怕调焦时像面晃动太大。在调研中,他看到了三根圆杆导轨的结构,觉得很可靠并加以采用。在光学加工中,由于没有考虑镜片四周等厚度问题,造成视场中心严重的倍率色差。项目组讨论后,决定采用两个镜片错位来补偿。潘君骅很反对这个解决办法:第一,这是一个凑合的办法;第二,把难题推给了机械设计。最后这个补偿方案还是被采纳了,潘君骅不得不修改机械件以适应光学设计,好在问题最后都得到解决。

1954年,项目组成功修复青岛观象台小赤道仪镜筒,物镜口径150毫米,焦距2.2米,这是新中国成立后第一个较大的折射物镜。同年,王大珩在仪器馆的学术委员会大会讲话中专门提到"在望远镜方面,为青岛观象台配制150毫米天文望远镜,最近则正在为佘山天文台配制直径200毫米的折光天文望远镜物镜。"[①] 王大珩等认为仪器馆已经在仪器制造特别是光学仪器制造中掌握了先进技术,高倍显微镜的设计和制造技术、早期干涉仪及折光望远镜光学系统等精密仪器的研制是为例证。

仿造意大利经纬仪

潘君骅接手仿造意大利经纬仪这一工作时,已经有了一些设计图纸,他计算了引入环境光以照明刻度读数的一个光学球面的曲率半径,同时亲自动手在压力机上将铸铝合金机架上的两个耳轴孔镶进铜环。

工作之余,潘君骅喜欢在宿舍里磨玻璃。虽然仪器馆有光学车间,但他从不占用公家器材,都是自己到外面去买,连镀银用的硝酸银都买了。除了磨镜子,潘君骅还喜欢买书、喜欢美食。工资几乎都花费在这些方面。

---

① 1954年仪器馆研究试制工作总结。存于长春光机所档案室。

仪器馆时期的交流与学习

仪器馆非常重视广泛的学术讨论和交流，学术氛围很活跃。那时，馆里经常有学术报告、讲座等，而且有时是系列讲座，扩宽了大家的学术视野。

王大珩在仪器馆成立时就很注重打基础，对仪器馆刚分配去的学生，王大珩都是亲自讲课，内容包括光学设计、光度色度等。

王大珩讲过几次光学设计课，讲光线怎么计算。那时还是手算光线，工具只有一个包括三角函数的对数表。利用这个对数表，一条光线一步一步算下去，算了以后写上数据。一条光线经过一个光学面、再到第二个面，一条光线算得最快也要8分钟。手算光学是很吃力的，但这是基本功。当然，后来有了计算机就完全不需要这种人工的、原始的计算方式了。王大珩还讲过几次关于光度色度方面的课，后来他根据讲课内容及后期研究撰写了《彩色电视中的色度学问题》一书。

在做把电信号放大的磁放大器时，旅美华人科学家张国英到仪器馆讲了好几次课。他是研究磁放大器的专家，虽是中国人，但只会用英文讲。磁放大器有抗摔打的优势，当时在军事上用处很大。潘君骅听讲座非常认真，还记了笔记并翻译出来。后来龚祖同认为这事应该由搞电的人来做，不应该让潘君骅做。其实，没有人规定潘君骅去做，只是兴趣使然，他才主动去做的。潘君骅将磁放大器的讲课记录都翻译成中文并整理出来。

潘君骅后来自己带团队做研究时，也因此得到启示：请人讲课，讲课的资料作为一个记录保存是必要的，要不然讲完就过去了[①]。

---

① 潘君骅访谈，2015年3月19日，苏州。资料存于采集工程数据库。

母 亲 去 世

潘君骅一向与母亲感情深厚，母亲去世让他难过了很久。

1954年春，潘君骅为了调研150毫米赤道仪，到佘山天文台参观，顺路到嘉兴家里短短住了两天。母亲做了潘君骅最爱吃的虾仁面，她很想留小儿子再多住几天，但没有说。临走时，母亲一直送到车站，看着儿子进了火车站月台仍依依不舍。后来潘君骅得知母亲去杭州看病，也没太在意。

1955年元旦刚过，上班第一天，潘君骅接到父亲电报，说母亲病危，让他速归。潘君骅向同事杨秀春借了六十元钱，立即动身回家。经天津、济南、上海转车，8日凌晨才到嘉兴。一路上总担心能否见到母亲最后一面。还好，到家时见到母亲神智很清楚，但她自己和父亲都已不抱希望。潘君骅这才知道母亲患的是肝病，杭州医院说是间质性肝炎，其实就是肝癌。

根据哥哥在孝丰读高中时生病的经验，潘君骅以为吐出蛔虫就会好的，要父亲买红茶烧给母亲喝，父亲明知无用，还是照办了。母亲理解潘君骅的心情，说"骅官还想我好起来"。当天潘君骅因为路上太累，在楼上房间睡到第二天中午11点才醒来，也没在楼下母亲床前伺候着。

第二天一直陪着，母亲把身边的九十几元钱都给了潘君骅，还坐起来要梳一下头，这时大概她已经自知不行了。当天晚上10点30分，母亲去世。入殓前，潘君骅守了两天灵，看着母亲的遗容，潘君骅不禁大声痛哭，好像只有大哭才能摆脱一些痛苦。

丧事过后，母亲的灵柩用船运到福安公墓下葬。

第四章
留学苏联　提出"潘氏法"

苏联留学时期的学习和积累，让潘君骅从一名天文光学爱好者转变成了现代天文光学的研究者[①]。

脱产学俄文

新中国成立初期，中苏关系非常友好。仪器馆未雨绸缪，提前安排研究人员去学习俄文，培养俄语人才。

三次学俄文

1953年1月13日—2月7日，仪器馆和长春机械研究所联合组织了一次"突击学俄文"的活动。仪器馆希望所有技术人员都参加，到机械所集中学俄文。老师是俄专的一位中国人，教的是基本语法，教材只有油印

---

① 朱晶，叶青：从天文光学爱好者到研究者——我的苏联留学生活.《科学文化评论》，2015年第5期，第103–117页。

的讲义。由于俄文基础稍好,潘君骅被任命为班级辅导员。这时,潘君骅也有意识地买一些原版的俄文书籍阅读,以巩固俄文学习。

1955年5月19日,仪器馆安排潘君骅、姚骏恩、钟奖生、刘颂豪、滕家帜、陈国勋六人脱产学俄文。教员最初是从652厂请的俄文翻译汪仁宇,学习地点在铁北绿楼招待所。后集中到胜利公园旁原王大珩住的小楼,教员也改聘为一个叫苏斯洛夫的苏联人。这次俄文学习持续了半年多,潘君骅学得非常认真,为此专门背字典,听力也进步很快。

1956年夏天,潘君骅和干福熹接到通知去苏联。出国前,集中在北京朝阳门内九爷府突击学习俄文两个月,这是第三次学俄文。当时俄文学员有二三十人,都来自中国科学院各单位。管理这个俄文学习班的是中国科学院留苏预备部的廖白石。教员是苏联人,一位杨姓中国留学生的苏联太太,叫杨玛娅。这次学习也没有教材,潘君骅的俄文基础好些,当了学习课代表。

参与全国十二年科学发展规划翻译工作

1956年春节后不久,国家开始制定全国十二年科学发展规划。

制定规划工作期间,国家请了不少苏联专家,大量俄文资料需要翻译。1956年2月,有一些俄文基础的潘君骅等人被调去北京,作为十二年科学发展规划的工作人员,同时被调到北京工作的同事还有姚骏恩、钟奖生,工作地点就在西直门附近的西郊宾馆。

图4-1 1956年全国十二年科学发展规划全体工作人员合影(左图第一排左三为潘君骅,左四为姚骏恩)

潘君骅等承担的是俄文文字翻译工作，负责笔译苏联专家的一些意见，同时也要翻译苏联方面提供的一些资料，当时苏联方面提供的资料油印的很多，正式版印的少。翻译工作任务很重，一直进行到六月中旬才结束。

在结束前不久，潘君骅接到长春通知，将被派往苏联学习。得到消息，他很高兴，也有点意外，因为那时他还不是党员。若干年后，潘君骅才知道，他被派去苏联留学得益于龚祖同的推荐。

在普尔科沃天文台留学

在九爷府短短两个月的俄文学习很快结束，9月2日，潘君骅踏上了北京开往莫斯科的直达列车。

出国时，潘君骅的想法很简单，那就是一定要好好学习，遵守规定，绝不能丢国家的脸。当时他还不知道自己在苏联学习的专业，以为还是机械方面，所以出去时潘君骅特意把材料力学书一套三本都带了去。同行的还有紫金山天文台的叶式辉、朱含枢等人。光机所的同事干福熹比潘君骅早几天，第一批走。

经过8天8夜的颠簸，终于到达莫斯科。休息4天后，潘君骅等前往列宁格勒，潘君骅去的是普尔科沃天文台。之所以去普尔科沃天文台，是因为马克苏托夫在那里，他是苏联天文光学的权威、苏联科学院的通讯院士。普尔科沃天文台在列宁格勒南郊的一块高地上，是进入列宁格勒的门户，第二次世界大战时受损严重。见到的都是新种的小树，天文台的建筑都是刚修复的。潘君骅被安排在三楼仪器组的办公室里，有两个在读研究生，还有一个计算员。

政治学习

在列宁格勒，中国留学生成立了一个党支部，干福熹是支部委员、团总支书记。党组织在列宁格勒城里，中国科学院派出的留学生都在一个支部，大家也都住在"科学家之家"宿舍。每个星期六、星期日都要组织一些活动，潘君骅原本也住城里，后搬入普尔科沃天文台的学生宿舍，一到周末就专门赶来参加学习活动。

当时国家对留苏学生管得比较严，要求所有的留苏人员都要过组织生活，经常开会。每隔一段时间还要写思想汇报，每周至少一次政治学习，主要是传达国内要求、学习国内新形势、阅读《人民日报》等国内主流报纸。

1957年国内开展反"右"运动，但规定留苏学生中不搞反"右"，代之以"向党交心"活动，即留苏学生要交代自己的思想问题，各自进行自我思想检查。

留苏学生党员组成的党支部工作人员都是兼职的，不是派来的干部，他们归中国驻苏联大使馆领导。在1956年之前，中国留苏党员的活动直接受苏联共产党的组织领导[1]。

图4-2　1957年，中国科学院留苏研究生在列宁格勒附近的普希金城留影（前排左二为潘君骅）

到了1958年，国内形势变化很大，暑假期间苏联留学生们提出去苏联的集体农庄劳动，主要是在土豆地里拔草。夏天，大田里的草比土豆秧高出很多。大家吃住都在那里，轮流做饭。后来听说这年土豆收获很好，农庄送给学生们一台电视机，大家一致同意转送给当地的幼儿园。

1958年秋，普尔科沃天文台也组织员工去农村劳动，帮助农村收挖土

---

[1]　干福熹访谈，2014年11月7日，上海。资料存于采集工程数据库。

豆（相当于国内机关下农村帮助麦收），这次活动潘君骅和杨世杰都参加了（图4-3）。

1957年，苏联科学院列宁格勒分院有一个叫阿里克瑟·彼得洛维其的职员，在潘君骅刚到列宁格勒时与其有过短暂接触，曾两次邀潘君骅到他家里吃饭。1957年暑假，苏联方面还安排潘君骅等到海边的切洛德义卡小镇的Зеленогорск疗养院休养两周，不过那里条件并不好，七个人挤一间小木屋，洗澡要走很远①。潘娜是潘君骅在留学期间交流较多的苏联同学之一，对潘君骅这位中国留学生一直很友好。1990年潘君骅再次访问苏联时，又见到了这位阔别几十年的老同学（图4-4），倍感亲切。

图4-3　1958年秋，普尔科沃天文台组织农村劳动

在列宁格勒的时候，从北京建筑材料研究院派出的留苏实习生丰明媛学习材料专业。和潘君骅在一个支部，在频繁的支部活动和政治学习中，他们相识、相知。1959年，潘君骅与丰明媛在列宁格勒结婚。

图4-4　1990年潘君骅访问苏联时与普尔科沃天文台同学潘娜等合影（左一为潘君骅，左二为潘娜）

---

①　潘君骅日记（1957年7月7-21日）。存于潘君骅苏州家中。

第四章　留学苏联　提出"潘氏法"　69

图 4-5　1959 年留苏时期，潘君骅夫妇合影

图 4-6　1959 年留苏时期，潘君骅夫妇在普尔科沃天文台合影

课程学习

普尔科沃天文台对中国留学生的要求与对苏联学生的要求是一样的。导师为潘君骅制订的学习计划中包括课程学习和实习计划（表 4-1）。

表 4-1　潘君骅留苏期间课程学习计划[①]

编号	课程名称	考试 / 实习时间
1	天文光学	1958.1
2	天文光学工艺	1958.5
3	俄语	1957.11
4	哲学（自然辩证法和历史辩证法）	1957.9
5	克里米亚天文台实习	1959 年，一个半月
6	仪器制造工厂 п / я 421 实习	1958 年，1 个月

潘君骅学习非常刻苦，总想着不能给国家丢脸。第一年，研究生要求完成哲学、俄语和两门专业课共四门课程，其中哲学和俄语都要到城里的苏联科学院院部去上课，地点就在涅瓦河边上，每周两三次。冬天的列宁格勒日照很短，早晨去，晚上回，都是黑天。经过努力，潘君骅四门课程都得了 5 分。

---

① 潘君骅日记（1957 年 1 月 7-19 日）。存于潘君骅苏州家中。

图 4-7　潘君骅在苏联普尔科沃天文台攻读副博士学位时的学籍成绩（成绩单的内容包括：俄语，哲学，天文光学，天文光学工艺；面试官的名字和职务，研究论文的题目等。图片由苏州大学档案馆提供）

此外，导师还给潘君骅安排了在工厂的专业实习，潘君骅同样认真对待、一丝不苟，最后他甚至可以得心应手地磨玻璃。对于当时潘君骅独自磨好的直径 160 毫米抛物面镜，导师看了直说好得很。

人造卫星观测

1957 年，苏联发射了世界上第一颗人造卫星，这是科技界的大事，留苏的中国学生都很兴奋。那时中苏关系已有裂痕，但还只在最高层，留苏学生都还不知道。

普尔科沃天文台组织人工观测，为此，苏联方面专门设计了人工观测人造卫星的仪器，叫广角望远镜，看出去视场很大，倍数不高，但是观测的天区很广。观测者用这种大视场的低倍望远镜守在预报区，等卫星飞过时默记住它和邻近恒星的相对位置，并用手中的秒表记下时刻，再由专业人员将默记住的位置点在事先准备好的星图上做事后处理。这个方法现在看来非常原始、精度很低,靠多人观测结果平均来提高精度,但在当初却是唯一的办法。

潘君骅出于好奇,积极参加了这次观测活动,是当时参加这一观测活动的唯一的中国留学生。10月1日,潘君骅参加人造卫星人工观测演习。由于观测认真,潘君骅还获得天文台发给积极观测者的证书(图4-8)和一枚纪念章,并获得苏联科学院天文委员会颁发的奖状。

图4-8 潘君骅参加苏联第一颗人造卫星上天观测所获得的证书(证书左页内容为"苏联科学院天文委员会",右页内容为"荣誉证书奖给潘君骅积极观测人造地球卫星",落款为"苏联科学院天文委员会主席、苏联科学院通讯院士A.A.米哈依洛夫")

美国著名的科普杂志 Sky & Telescope(《天空与望远镜》)对这次观测活动进行了报道[1],还选用了一张潘君骅和其他人正在观测的照片作为插图(图4-9)。

---

① The First Man-made Satellites [J]. Sky & Telescope, 1957(2): 57-59.

图 4-9　1957 年 10 月 4 日，潘君骅在观测人造卫星（后排左一戴鸭舌帽者为潘君骅）

留学时期的学术交流

初到苏联的前两年，潘君骅感觉十分孤单。有一次，苏方安排中国留学生乘船出芬兰湾到波罗的海海口，远望克朗施达特要塞，潘君骅一面感到乘风破浪的快乐，一面在内心强烈感受着"身为异客在异乡"的孤独感，心想，这才过去半年时间。所以，那时的潘君骅很乐意接待国内来访的代表团，给他们做翻译。

接待中国代表团

潘君骅在苏联留学期间多次接待中国代表团，印象比较深的有四次。

第一次是刚到列宁格勒不久，彭真带领人大代表团参观列宁格勒天文台，潘君骅做翻译（图 4-10）。

图4-10 1957年11月20日，潘君骅在普尔科沃天文台为人大代表团做翻译（左一为潘君骅，右三为龙云）

那是1956年11月20日，代表团里有龙云、程潜等，龙云还想约列宁格勒的城防司令谈谈，想了解当年是怎样守住这座城的。彭真上午在列宁格勒给留学生做报告，中午在阿斯托利亚旅馆设宴，潘君骅参加了宴会，就坐在彭真市长的斜对面，彭真还亲切地问起潘君骅的专业。当天下午，代表团成员参观普尔科沃天文台，潘君骅做翻译。晚上，代表团在城里剧院看芭蕾舞《泪泉》，潘君骅陪程砚秋在包厢看剧并翻译。

第二次接待的是国内一个教育方面的代表团，他们到列宁格勒大学参观访问，要潘君骅做翻译。他们参观的是列宁格勒大学数学力学系的实验室，非常巧的是，给中国代表团讲解的苏联专家就是潘君骅导师马克苏托夫的女儿。

第三次是接待王大珩。1957年12月7日，王大珩到达列宁格勒住阿斯托利亚旅馆，潘君骅当时只接待了王大珩一人，苏联的接待方应该是苏联科学院。此后几天，潘君骅和王大珩一起参观了两个单位，一个是苏联国家光学研究所 ГОИ，另一个是光学机械工厂 ГОМЗ。在国家光学研究所见到林尼克（Линик）、图笃洛夫斯基（Тудоровский）、斯留沙列夫（Слюсарев）等；在苏联的国家光学研究所，王大珩和研究人员深入交流了玻璃方面的研究。苏联工厂分军用和民用，接待人员讲的主要是民用和天文光学方面的情况，他们的天文仪器不做整机，只做天文大镜面，让中国学者参观的也是大镜面加工。12月14日，在参观 ГОМЗ 时，苏联方面还送给王大珩和潘君骅一人一架 CMEHA-2 儿童相机（图4-11）[1]，这个相机潘君骅一直很好地保存着。这次接待让潘君骅有机会深入了解了苏联的光学研究与光学工业，收获颇大[2]。

---

[1] 潘君骅日记（1957年12月18日）。存于潘君骅苏州家中。
[2] 潘君骅访谈，2014年10月16日，苏州。资料存于采集工程数据库。

第四次是 1959 年接待长春光机所代表团，成员包括龚祖同、邓锡铭和李明哲等人。潘君骅陪他们访问了 ГОИ 和 ГОМЗ。那时，中苏关系在高层已经闹翻，这两个单位的军工方面都拒绝参观。1958 年，国内有天文工作者提出自力更生研制 2 米级的光学望远镜，该建议得到采纳，中国科学院为此专门成立了 216 工程工作组①。龚祖同等三人此次访问的一个重要任务是带着 216 项目的图纸到苏联找专家咨询，这是潘君骅第一次接触到 216 项目。

图 4-11　1957 年苏联 ГОМЗ 工厂送给潘君骅的相机

当时代表团和苏联专家座谈，由我做翻译。代表团拿着 216 的图纸咨询苏联专家的意见，我清楚地记得苏联专家认真看了图纸后友好地表示"问题实在太多，没有办法提具体意见"。然后，苏联专家从机械设计的角度提了些意见。此事后来就搁置下来，图纸放在我在苏联的办公室里，都没有带回去。当时国内还有底图，图纸也不保密。②

参观调研苏联的光学研究与仪器

1957 年 7 月，中国天文台向苏联国家光学机械厂定了一架太阳色球望远镜，想做太阳研究。其中有个关键的仪器元件——干涉偏振滤光器，苏联那时已能研制。受国内委托，潘君骅经常到城里承担望远镜制作的光学工厂 ГОМЗ 去查看进度，以催促他们尽快做好。为了完成这一委托工作，

---

①　大望远镜定的具体口径尺寸是 2.16 米，所以叫 216 工程。1959 年 3-7 月，中国科学院先后在南京和长春召开会议，决定成立 216 联合工作组。工作组设在南京，由紫金山天文台领导，由长春的机械研究所、光学精密机械与物理研究所各抽调若干工程技术人员组成工作组成员。

②　潘君骅访谈，2015 年 3 月 19 日，苏州。资料存于采集工程数据库。

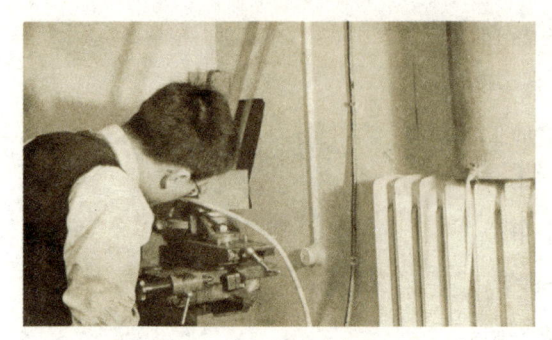

图 4-12　20 世纪 50 年代，潘君骅在苏联光学工厂实习

潘君骅三天两头地往城里跑，花费了不少时间。

他在日记中记录着："8 月 19 日，第一次去 ГОМЗ，20 日又送照片去，并为此专门办了出入证，21 日再去，车间主任说要到 26 日才能开始正式装配。为色球望远镜装配的事跑国家光学机械厂前后一个多月，至 9 月 28 日仍未结束。"[①] 不过也正是因为这段时间频繁出入光学机械厂，使得潘君骅在望远镜的装配方面颇有一些收获。作为普尔科沃天文台的研究生，他有机会经常到 ГОМЗ 工厂参观实属不易。正是在这里，他详细了解了有关 2.6 米镜子制造的问题[②]，如磨镜机器、磨镜室温度控制要求、测量仪器的装校、大玻璃应力检验、镜面光学检验方案等。

参加国际会议

1958 年，第 10 届国际天文学年会在苏联莫斯科召开，当时潘君骅等研究生正在列宁格勒集体农庄参加劳动，接到会议通知后，潘君骅和紫金山天文台派出的研究生朱含枢一起急忙赶回列宁格勒城，再到莫斯科，被安排住在莫斯科大学学生宿舍。

国际天文学年会由国际天文学联合会（International Astronomical Union，IAU）组织发起，自 1922 年开始每三年举行一次，是天文学界的重要国际会议。中国天文学会于 1935 年加入 IAU 后，也派出学者定期参加该年会。

这是潘君骅第一次参加国际会议，那时刚开始在苏联的学习，语言方

---

① 资料来源：潘君骅日记（1957 年 3 月 20 日、1957 年 5 月 12 日、1957 年 7 月 21 日）。资料存于潘君骅苏州家中。

② 同①。

面还有些小障碍，所以学术研究上收获很少，主要是开阔视野。在会上，他见到了国内天文界很多知名人士，如刚从法国回国的程茂兰先生[①]。

图4-13　1958年，潘君骅在莫斯科参加第10届国际天文学年会（第二排左四戴眼镜者为潘君骅）

导师马克苏托夫

马克苏托夫（Дмитрий Дмитриевич Максутов，1896—1964），苏联著名光学工程师、天文学家。1921—1930年在敖德萨大学物理研究所的天文光学部门任职，1930年在瓦维洛夫国立光学研究所建立了天文光学实验室并担任实验室主任至1952年，1946年被选为苏联科学院通讯院士。

1952年起，马克苏托夫任职于普尔科沃天文台，提出了无像差反射

[①] 程茂兰（1905-1978），天体物理学家，中国近代实测天体物理学奠基人。曾主持北京天文台光学观测基地的选址和兴隆观测站的建设，促成了2.16米望远镜的研制工作；提出并促成北京大学天体物理专业的设置、支持北京师范大学天文系的设置，为北京天文台和全国天文学界培养了一批优秀的骨干人才。

面与系统和新的测试方法，该方法成为镜面研究的主要控制方法。1941—1942 年发明马克苏托夫望远镜，其设计被诸多实验室、天文台以及商业望远镜所使用，曾获得斯大林奖、列宁勋章等诸多荣誉。

苏联政府当时很重视天文光学领域，在天文上投入的经费也很可观。潘君骅到苏联时，2.6 米克里米亚望远镜正在研制中，尚未完成，潘君骅有幸仔细参观过。另外，潘君骅所在的普尔科沃天文台以及天文仪器研究室这段时间的主要工作就是为 6 米望远镜做先期研究。从这两个例子可以看出，当时苏联政府对大望远镜非常重视。

苏联研究生培养模式

潘君骅到列宁格勒后，很快见到了导师马克苏托夫。马克苏托夫询问他的学科背景，然后给出一个研究题目并指定专业学习课程和阅读书目以及车间实习内容。公共课程由普尔科沃天文台统一安排。

课程考试结束后，第二年起进入课题研究。苏联研究生在研究期间，要在研究所内作一次期中报告，汇报已经做过的工作以及下一步计划等。1959 年 1 月 13 日，潘君骅的第二次期中报告因为研究工作进展较好，被评为优秀报告，还得到 700 卢布（相当于研究生一个月津贴）的奖励。

此外，攻读研究生期间，普尔科沃天文台也期望学生能够把文章发表在天文台刊上。期中汇报后，潘君骅将研究结果形成论文《检验反射望远镜中二次凸面镜表面形状的新方法》投给国内《天文学报》。当时潘君骅内心的想法是：中国正要做大望远镜，也需要解决凸面副镜的检验问题，这一新方法如果有意义，应该首先在国内发挥作用。所以，潘君骅的论文形成后就立刻投给中国期刊《天文学报》，该刊也很快予以发表[①]。这是潘君骅发表的第一篇学术论文。

那时，潘君骅已在苏联的《普尔科沃天文总台台刊》上发表了一篇《反射望远镜光学系统的研究》。后来，苏联研究生索斯宁娜（M. A. Соснина）

---

① 潘君骅：检验反射望远镜中二次凸面镜表面形状的新方法.《天文学报》，1960 年第 1 期，第 70-79 页。

知道潘君骅发表的那篇中文论文后，要潘君骅译成俄文在《普尔科沃天文总台台刊》上发表。潘君骅本不想一稿二投，无奈索斯宁娜再三催促，所以后来这篇论文在苏联也发表了，不过发表时间自然比国内晚些。

从潘君骅的经历来看，当时苏联对研究生的培养方式是：导师给定题目、指定学习课程（包括公共课）——实习——课程考试——课题研究——期中汇报——发表论文——答辩。这一流程与模式与目前中国高校研究生的培养方式基本相似。

与导师的交流

马克苏托夫与潘君骅见面的第一句话就问他吸不吸烟，知道潘君骅不吸，就说非常好。马克苏托夫烟瘾很大，可就是戒不掉。他在家里的墙上贴了一幅画，画着一个人的上半身，两个肺都烂了，下面写着：吸烟就是死亡。

由于潘君骅本来是学机械的，光学只是业余水平，所以他更加努力，导师指定的书，潘君骅都很认真地去读。在读马克苏托夫的《天文光学》一书时，潘君骅还找出了书中的一个小错误，马克苏托夫一方面很高兴，另一方面也在小声嘀咕，"那么多人看过，还是有错。"

马克苏托夫对潘君骅的指导方式主要是每周一次答疑，潘君骅将在自学过程中遇到的问题集中提出，由他逐一解答，有时顺势延伸，讲些相关的知识；有时兴之所至也谈谈他的新收获。

有一次，马克苏托夫高兴地讲述他新近推导出的一个公式，是用于最后收敛马克苏托夫式光学系统设计的，潘君骅抱着学习的心态也推导了一遍，结果发现有一点小错误并对公式做了修正。然后，实事求是地告诉了导师。正好，马克苏托夫自己在用这个公式时也发现总不能一次到位，确实有点小问题。马克苏托夫用潘君骅改正了的公式非常顺利地一次解决问题，非常高兴，当场表扬了潘君骅，还对其他研究生说："你们只知道听，听过就算了，应该像潘那样……"这样的夸赞让腼腆的潘君骅很不好意思。

马克苏托夫有时也会主动到研究生的办公室来与学生交流。一次，他

图 4-14 1960 年，潘君骅与导师马克苏托夫合影

对潘君骅的一个想法赞不绝口，一直指责自己说："我怎么就没有想到呢？"。潘君骅心里想，老师都想到了，那学生还做什么。

1960 年元旦，马克苏托夫请潘君骅到家里做客，他的家就在天文台近旁。他拿出珍藏的蟹肉罐头招待潘君骅，临走还送了一套俄罗斯套娃。回国临别时，马克苏托夫和潘君骅在天文台门口的公共汽车站贴面告别，他满脸的胡子茬就像板刷。潘君骅对马克苏托夫充满感激和尊重。

> 导师对我的指导非常细致。我在做文献笔记时，有些地方不太清楚，他会替我修改并教我重新计算，我目前还保留着这些笔记。他在我的毕业鉴定里写了一句话，是我前两天翻译的时候才注意到，他说："带这样的研究生感到一种愉快，一种满足。"

磨 镜 子

20 世纪 50 年代初期，中国的天文望远设备起源于个人爱好[1]。

苏联留学期间，潘君骅自己动手磨镜子的经历为他今后的天文光学研究打下了扎实的基础。磨镜子，是他一生的爱好。潘君骅在长春光机所的同事干福熹曾说："磨玻璃，手感要好，这个是潘君骅一生的爱好。"[2] 从苏

---

[1] 潘君骅：中国天文光学设备的发展。见：干福熹等编著，《中国近代和现代光学与光电子学发展史》。上海：上海科学技术出版社，2014 年，第 192 页。

[2] 干福熹访谈，2014 年 11 月 7 日，上海。资料存于采集工程数据库。

联回国后,潘君骅得知王大珩有一本英文原版《爱好者磨制望远镜》,便立即想办法借来一睹为快。

实习的镜子

普尔科沃天文台有一个小光学工厂,里面有 3—5 个工人,他们自己磨一些小镜子,还配有几台机器、一个平面干涉仪,最大的一个机器能磨出 700 毫米镜子。潘君骅就在这个工厂的车间里实习。

1956 年 11 月 27 日,潘君骅和导师一起去光学车间,导师介绍他与车间主任 Шребелъ 认识。按导师要求,第一次要磨的是一块直径 160 毫米、F/6 的抛物面镜。一般来说,实习时具体磨哪类镜子是根据学生的基础而定。这块镜子的大小尺寸比较合适,取 F/6 参数,磨起来不是太难,但也不是太容易。12 月 1 日,潘君骅正式开始磨实习镜子。潘君骅在清华读书时也曾自己动手磨过镜子,但很不正规。

潘君骅磨这块镜子花的时间还比较长,这是他第一次操作规范地磨镜子,基本上是手工磨,有一个脚踏机器可以转,用一个标准平面镜来检验。而且导师马克苏托夫指定一个工人在磨镜子过程中及时给予指导(图4-15),对于基本的过程、方法以及检验,都讲得很清楚。

图 4-15　1956 年,潘君骅在光学车间实习磨镜子
(右为潘君骅)

经历了一段比较长的时间,潘君骅按要求规范地磨完了镜子,并一次通过了导师马克苏托夫的检查。不过,导师也指出:将来做成望远镜时,要把最边上 3 毫米一圈挡掉,因为有点塌边。这次磨镜子的实习经历使潘君骅对镜面加工的全过程有了一定的感性认识。

2014 年,潘君骅再次用干涉仪给当年磨的那块镜子做了一次检验,检验结果表明：这块镜子的干涉条纹值按现在的标准仍属于上等，质量很好。这也说明这块玻璃本身很稳定，过了五六十年仍然没变化。

与杨世杰合作磨镜子

普尔科沃天文台断断续续来过不少天文方面的研究生和实习生。其中，研究生只有朱含枢和郑忠良，实习生有王绶琯、邹仪新、罗定江、万籁、苗永瑞、施广成、杨世杰、黎世光等，实习时间有长有短。这些实习生主要是学习，杨世杰除了学习，还帮普尔科沃天文台磨了两块镜子。

杨世杰以前也磨过镜子，磨得很好，普尔科沃天文台给他一块之前台方工人没有做出来的一个标准平面镜，让杨世杰来做。杨世杰顺利完成了任务，为普尔科沃天文台磨了一块标准镜子。那时候苏联讲劳动要有报酬，杨世杰磨好镜子后，台方送给他一套摄影设备，包括一个照相机和一个放大器（那时候底片要放大才能印出来）。

1958年国庆献礼前夕，为了向国庆献礼，潘君骅和实习生万籁商量后，向导师提出想合作制作一个200毫米口径的天文照相物镜，导师听了十分吃惊地说："要做这样的光学镜头，这个小光学车间只好全交给你们了！"不过，他还是替他们着想，建议做一个相对简单的马克苏托夫系统。10月20日—12月26日，几经周折，台方同意磨一个马克苏托夫系统。潘君骅和实习生杨世杰合作，潘君骅在5天之内做好了设计，然后二人加班加点地赶工，1958年12月26日开始磨，1959年1月23日终于磨好。

2月3日，万籁离台去莫斯科，将这套献礼望远镜带回国并配上机械件，最后在上海天文台安家。

磨制口径700毫米反射望远镜的副镜及检验镜

自从磨完第一次实习的那块镜子，潘君骅磨镜子的技术就越来越娴熟，最成功的作品是口径为700毫米的反射望远镜的副镜。

当时，普尔科沃天文台正在建口径700毫米反射望远镜，其副镜的检验本来是要用 Hindle 法，但 Hindle 法的辅助球面镜较大，材料不好找。此时，马克苏托夫已认可了潘君骅提出的方法，决定由潘君骅计算并磨制这块镜子。

这块副镜的口径比主镜小一点，接近 200 毫米，精度要求非常高。潘君骅磨制这块镜子采用的就是他自己提出的新检验方法。

要检验镜子必须有一个检验方案。潘君骅先设计出一个新的检验方案，该方案需要有一个检验镜（是一块椭球镜），他根据望远镜需要的凸镜参数算出辅助镜。在磨制副镜之前，潘君骅要先磨制出这块副镜的检验镜。检验镜可以检验自身，然后按照光路去检验副镜。

凸面副镜是一边磨一边检验，发现不好就再磨，边磨边用辅助镜检验，就这样，潘君骅顺利地磨制出 PM700 望远镜的凸面副镜，后来与主镜组成望远镜系统，系统检验也是一次通过。因此，在潘君骅副博士答辩的评语中，专家们专门提到他"以高精度做出了几块复杂的光学元件"[①]。

"潘氏法"及其应用

潘君骅的论文题目是《大望远镜二次凸面镜的检验》。导师原来期望潘君骅对 Hindle 方法做一个全面计算和分析研究：先将一般大望远镜中的二次凸面镜的参数范围计算出来，再计算用 Hindle 法辅助球面镜的参数范围。这是一个中规中矩的选题，基本上只要埋头苦干、进行大量计算就能完成。

潘君骅在按部就班的计算过程中，不禁思考：还有什么方法可以检验凸面镜？那时没有光学设计自动优化程序，平衡像差要先用解析公式来求解。潘君骅在读导师的一篇文章时，看到有关非球面反射镜像差的一些公式，就用来解此前设想过的一个检验凸镜的光路参数。潘君骅找了一个比较常见的凸镜做实验，解出检验此凸镜要用的辅助镜的初步参数，再用光线计算的办法微调参数，以严格消除球差。结果很理想。光线计算很快收敛。

---

① 潘君骅在苏联普尔科沃天文台攻读副博士学位答辩时的会议记录。存于苏州大学档案馆。

反射检验的补偿原理是马克苏托夫提出的,用此法检验凹面主镜是苏联研究生索斯宁娜的论文内容。潘君骅看了索斯宁娜的论文后悟到:原来这两个题目都是在用反射补偿原理。所以潘君骅认为可以更简洁地说明问题。

反射检验的补偿原理,其主要特点是利用镜面的法线自准且消除球差。潘君骅发现反射检验的补偿原理也可以用在凸面镜的检验中,从而找到一个新的检验方法,比 Hindle 方法有优越性,潘君骅的论文重点就此发生偏移。当潘君骅把他的想法和推导的公式向导师汇报后,马克苏托夫马上就接受了,并且为潘君骅在实践中验证其新方法提供了机会。那就是上文提到的他让潘君骅计算并磨制 PM700 望远镜的副镜。磨制成功后,该方法被苏联专家称为"潘氏法"。

潘君骅用"潘氏法"检验并磨出了 PM700 望远镜的凸面镜,为其论文增加了亮点,也为普尔科沃天文台解决了一个不小的问题。正因为如此,教授们对他博士论文答辩的评价很高(图 4-16)。

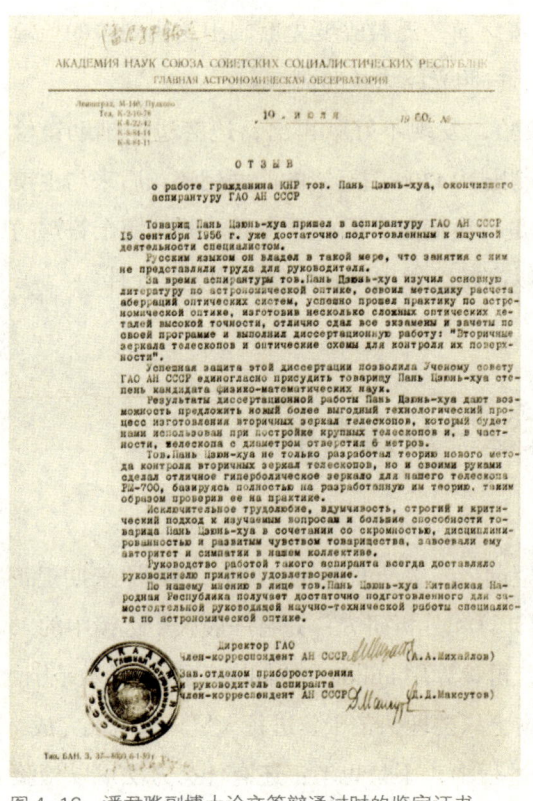

图 4-16 潘君骅副博士论文答辩通过时的鉴定证书

潘君骅毕业论文的结果提供了一个新的、更适合于制造望远镜副镜的工艺方法,它将被我们用于制造大望远镜,特别是口径为 6 米的望远镜。潘君骅同志不仅研究出检验望远镜的新方法的理论,还亲自动手为我们 PM700 望远镜磨制了优质的双曲面副镜,这样就在实践中证实了它。①

---

① 1960 年潘君骅留苏研究生毕业鉴定意见,原文为俄文。存于苏州大学档案馆。

潘君骅在苏联期间的工作，不仅令导师非常满意，连主持潘君骅毕业答辩的麦尔尼科夫通讯院士也十分赞赏他在天文望远镜反射系统方面的研究[1]，并通过苏联塔斯社进行了报道，《中国青年报》[2]《北京日报》[3]等国内主流媒体也纷纷据此转载、报道。

《普尔科沃天文台建台150周年纪念论文集》中提到潘君骅在苏联留学期间的工作，并且引用潘君骅1961年发表在普尔科沃天文台台刊上的论文。原文俄文翻译为"还必须指出，潘君骅对凸双曲面检验方法进行了研究"[4]。

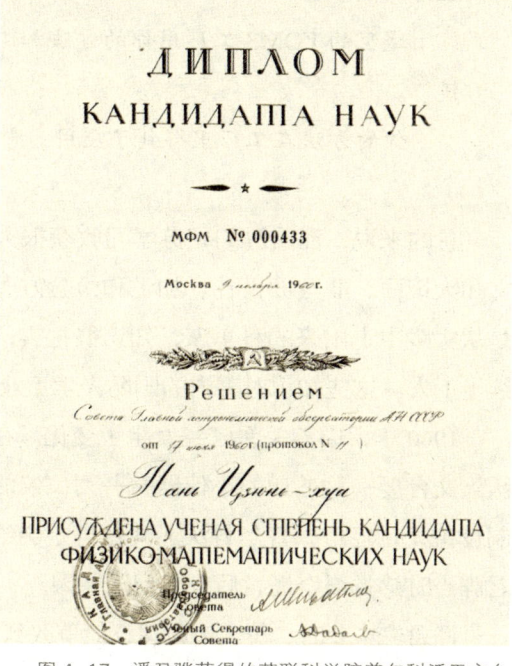

图4-17 潘君骅获得的苏联科学院普尔科沃天文台副博士学位证书

回国后，导师马克苏托夫连续写了几封信告诉潘君骅，民主德国蔡司厂到普尔科沃天文台访问考察，他向民主德国代表团介绍了这个方法，说是他们也很感兴趣，还索要了潘君骅发表的论文单行本。马克苏托夫告诉潘君骅：

> 现在那里（苏联的光学工厂）对你的方法感兴趣，后天会有几个员工来我这里，来熟悉你的论文，我给他们解释如何使用你的方法并

---

[1] RW-PJH-3，麦尔尼科夫院士1960年6月17日参加了潘君骅在普尔科沃天文台的论文答辩以及为此举行的苏联科学院天文总台学术委员会会议。存于苏州大学档案馆。

[2] 我国留苏研究生潘君骅研究成果获得科学家很高评价对天文学有重要的科学和实践意义。《中国青年报》，1960年6月23日。

[3] 我一留苏研究生研究天文望远镜获成果。《北京日报》，1960年6月23日。

[4] 潘君骅在苏联留学期间的工作评价。存于苏州大学档案馆。

且为此做准备。①

城里的 ГОМЗ 工厂用你的方法加工、检验了 6 米望远镜的凸面副镜②。

你的方法在工厂里得到了应用，它被称为"潘氏法"。③

总的来说，潘君骅的留苏学习收获很大，这段学习经历为潘君骅在天文和大镜面、非球面设计、加工和检验方面打下了牢固基础。马克苏托夫是从实践中走出来的科学家，知识很扎实，潘君骅后来也是沿着这条路继续走下去。这些知识对国内的国防光学工业建设起到了重要作用。

1960 年，中苏关系已经发生了变化。在回国前不久，潘君骅找普尔科沃天文台要一种普通的小仪器——刀口仪的图纸，若是平常，这种小的自制设备无足轻重，普尔科沃天文台肯定会给的，但这次他们没有同意。潘君骅当时感觉很奇怪，后来想到了原因。

潘君骅毕业时，王大珩曾建议他争取到克里米亚天文台实习④，继续留在苏联一段时间，不过后来未能实现。

1960 年 7 月下旬，潘君骅离开列宁格勒，在莫斯科稍作停留就独自踏上了回国的行程。

---

① 马克苏托夫给潘君骅的信，1960 年 11 月 3 日。资料存于潘君骅苏州家中。
② 马克苏托夫致潘君骅的信，1961 年 4 月 7 日。存地同①。
③ 马克苏托夫致潘君骅的信，1961 年 11 月 10 日。存地同①。
④ 王大珩致李所长的信，1960 年 5 月 5 日。资料存于中国科学院档案馆。

第五章
重回长春 启程技术光学

1960年8月初,潘君骅回到北京。国内"大跃进"的负面影响日渐显露,物资开始短缺。科学院要求回国留学生先集中学习,通过听各种报告让大家正确认识当前的国家形势。

回国留学生的工作可以结合个人志愿在科学院系统内重新分配。潘君骅原工作单位中科院仪器馆已改名中国科学院长春光学精密机械研究所(以下简称光机所),该所特意派人到科学院,表示一定要留住潘君骅。潘君骅那时有去天文台的想法,但不是很坚决。在光机所的极力挽留下,他回到了原单位。

回光机所后,潘君骅被安排到技术光学研究室,研究室主任由王大珩兼任。该研究室下设光学设计、光学检验、薄膜光学和光学信息理论四个研究小组,潘君骅在光学检验组。

此时,光机所已从铁北搬到南湖边,宿舍很少,潘君骅只能暂住在办公大楼里,一大间住5人到6人。当时已实行粮票制,每月28斤粮票,由于肉食少,28斤的粮食补给明显不够吃,只能精打细算。

60# 和 150# 任务

1959 年，光机所争取到 216 任务，而后中苏关系紧张，国防任务备受重视，副所长李明哲开始抓 60# 和 150# 任务。那时光机所的所长是王大珩，但实际工作由书记兼副所长李明哲负责。

从 1960 年开始，光机所的工作重心往军工方面偏移。

参与 60# 任务的后期工作

1959 年 12 月，国防科委给光机所下达研制任务，代号 60#[①]。其主要工作是研制中小型电影经纬仪，从仿制瑞士产品 EOTS-C 型电影经纬仪开始。

电影经纬仪用于测量空间飞行目标的轨道参数和记录其飞行姿态的外弹道光学跟踪摄影及精密测量，以验证导弹制导系统的工作精度。

潘君骅回到光机所时，60# 任务已在作光学调试，当时正遇到一个光学质量问题——视场中心有倍率（横向）色差。光学设计者再三核对，认为设计没有错，不应有中心倍率色差。装校车间的顾某认为是用错了玻璃。业务处让潘君骅去检查，他通过用刀口法做检验，发现初级色差是消好的，玻璃没有用错。于是，潘君骅要求装校车间重新核查，复查结果也表明玻璃确实没有用错。光学设计者王之江认为，光学设计横向色差是好的，可能透镜的等厚有问题，这一推测后来得到了证实。实际上，这和 1954 年青岛 150 毫米镜头碰到的问题完全一样。从这件事开始，潘君骅在光机所渐渐建立起技术上的威信。

后来，因整机未能达到总体性能要求，60# 没有做下去。但 60# 任务的探索过程为独立开展电影经纬仪的研制积累了经验，打下了基础。

---

① 《所志》编委会：《中国科学院长春光学精密机械与物理研究所所志》. 吉林：吉林人民出版社，2002 年，第 55 页。

参与 150# 任务

20 世纪 60 年代初，为配合中国中程导弹的试验，光机所接受了国防任务 150 工程（又称 150# 任务），研制导弹发射初始阶段所需的大型精密光学跟踪电影经纬仪。之所以取名 150 工程，是因为这个经纬仪的追踪距离为 150 千米。王大珩曾谈道：

> 这项工程与导弹发射工程直接相关，发展导弹要试验它发射的准确度，这就需要测量长达几万公里的弹道轨道。这是一个非常大而复杂的设备，不但有光学系统，还有自动控制系统、记录系统。当时这一综合系统工程不仅在国内光学界，在仪器测试方面都尚属首次。[1]

电影经纬仪的技术不突破，导弹发射就无法记录，这是国防上非常重要的一项技术。此外，电影经纬仪还要能装在远望号上，开到太平洋去找更精确的发射导弹记录。而当时国内有可能做这么大尺寸的望远镜和经纬仪项目的单位只有光机所[2]。

150-1 电影经纬仪是 150 工程的主体部分，它是一项集光学、精密机械、电子学和自动控制等于一体的大型精密测量装备，其技术性能要求远高于当时同类型进口仪器。

从 1963 年开始，整个工程在王大珩的主持指导下进行，唐九华、王子馨等人负责总体设计。光机所高度重视 150# 任务，投入了所里近乎一半的人力、物力，全面开展了结构技术设计、分系统研究、单元技术攻关、工艺实施试验及整机调装检测准备等各项工作。

潘君骅也加入这一系统工程中，在车间主任宋从武的积极配合下，他

---

[1] 周均伦：《聂荣臻元帅纪念集：聂荣臻百年诞辰纪念活动纪实》。北京：解放军出版社，2000 年，第 75 页。

[2] 母国光：《现代光学与光子学的进展：庆祝王大珩院士从事科研活动六十五周年专集》。天津：天津科学技术出版社，2003 年，第 103-104 页。

和技术人员徐秀贞、张流祥等人一起成功磨制了球面精度达到 1/15 波长的主反射镜。周家穆负责对此大尺寸光学玻璃进行真空镀膜，使镜面反射率达 94%。潘君骅等人负责的 150-1 电影经纬仪光学技术基础建设及大型光学件的研制任务是 150 工程的重要部分，其顺利完成确保了该项目整体研制取得成功。

1963—1964 年，光机所成功研制出 150-1 电影经纬仪样机，观测距离达到 400 千米，超过原定 150 千米的指标，圆满完成任务。对此，光机所的《所志》记载如下：

> （150-1 电影经纬仪）参加中程导弹首次飞行试验，获得了主动段飞行弹道参数。试验表明，150 具有国际先进水平。它对中程地地导弹的实际作用距离大大优于设计指标，其技术指标也达到或优于设计值，满足了中程地地导弹试验的测量要求。[①]

历时 5 年半之久、参研人员多达 600 人的 150 工程一次试验成功，其中的几百个项目都顺利通过了国家鉴定。1966 年 4 月，150 工程正式通过国家鉴定。对于潘君骅在 150 工程中的贡献，当时的负责者之一唐九华有一段很中肯的评价：

> 六十年代，由于苏联撤离专家、停供设备，我国导弹事业处于危难时际，国家将用于中程导弹弹道精度测量的大型光学工程（代号 150-1 工程）交给长春光机所牵头承担。其主体是口径 625 毫米的光学跟踪测量仪器。虽然光机所有此技术潜力，但相应的光学工艺和检测设备都需从头建立，潘君骅即从事建立这项光学技术基础的工作。针对 150-1 工程的需要，潘君骅从提出光学加工专用设备的方案、检测仪器的设计、大件光学材料内应力检测方法、技术人员及工人的培训、标准镜面及大型平行光管的设计研制，直到产品光学系统的装调

[①] 《所志》编委会：《中国科学院长春光学精密机械与物理研究所所志》。吉林：吉林人民出版社，2002 年，第 56 页。

方案、检测方案，完整而系统地建立了大口径光学加工检测技术基础，使所完成的产品光学极限探测能力达到并优于设计任务指标，与当时国际上知名的光学跟踪测量仪器产品水平相当。以这项任务为开端，光机所与兄弟所又承担了国家在这方面的一系列光学工程任务，逐步以至最后把外国进口产品排挤出我国所有的导弹试验靶场，为我国技术自主并节省巨额外汇做出了重大贡献，光机所也因此获得了国家级科技进步特等奖。潘君骅为我国大型光学跟踪测量设备的光学技术基础所做的工作，在国内是开创性的，水平是一流的，是无法从外国引进的。[1]

刀口阴影检验仪

150#任务中，潘君骅敏锐地意识到光机所从事150#任务的薄弱环节在光学技术，即大口径光学的制造、检验和装调，尤其是光学检验。相比于在苏联学到的知识，潘君骅看到光机所某些光学技术手段明显落后，如阴影检验法尚未建立、磨镜机技术落后、大镜面的材料应力检验方法不足，迫切需要在光机所开展大镜加工、检测等基础工作。

设计磨镜机

当时，光机所自己做了两台大一点的磨镜机，一台已投入使用，可以磨最大口径为400—500毫米的镜子。因为当时国内没有做大镜子的概念，认为磨大镜子的磨镜机只需把小机器放大，结构和形式仍然与小机器一样就可以，但这种设计理念显然不对，这样研制出来的磨镜机自然也不能用。

---

[1] 唐九华评价潘君骅在光机所期间的技术成就情况，1997年2月3日。资料存于采集工程数据库。

还有一台磨镜机是为磨 60 厘米 "中间试验望远镜" 而设计的，刚做好，还在调试，想用来磨 150 主镜。领导征求潘君骅的意见。潘君骅仔细看后，觉得不行。机器的主要问题有两个。一是震动太大，原因是采用了一对刚性的无级变速轮结构。一对相互倒置的钢圆锥体，外套是钢圆环，利用钢环的内环将一根圆锥体的转动传给另一根轴，只要轴向移动钢环就可实现变速。这个变速机构都是刚性传递，没有柔性环节，不能吸收震动，对磨玻璃是大忌。二是机器台面很高，镜面不能翻转，每次检验要人工将玻璃从台面上搬下来，很难操作。当然，潘君骅也有顾虑，如果否定了这个磨镜机，那机器就要重新设计制造。考虑再三，他还是决定实话实说，提出重新设计磨镜机的想法。事情汇报到李明哲所长后，李明哲很慎重，立刻放下手头工作，和潘君骅一同到车间现场看试车，随后立即表态同意重做磨镜机。

潘君骅参考苏联的同类型机器和紫金山天文台杨世杰的磨镜机，提出了一个结构方案，他自己画了图纸，请光机所的胡永文具体设计、李凤鸣做工艺。这台磨镜机设计得简单实用，镜子最大口径能够达到 800 毫米，后来生产了不少。

建立新的光学检验方法

在检验方法方面，当时国内还没有大口径平行光管的概念。潘君骅也是到苏联学习后才知道。建立一套大口径光学系统检验方案，一定要先做一个标准的球面，再用标准球面做一个标准的平面，有了标准平面再做一个标准的平行光管，这三件东西是必需的。标准球面容易解决，因为它是一个球面，只用刀口检验就可以发现它的误差，可以直接把它做得非常好。标准的平面镜要依靠标准球面，标准球面可以检验标准的平面。然后，要有一个抛物镜，做这个抛物镜要有一个标准的平面镜。做大口径的光学仪器必须要有一个基本的光学标准，基准件就是一个平行光管，这是最主要的。

潘君骅深感迫切需要把阴影检验法建立起来，它是光学领域的重要检验方法。那时没有激光干涉仪,这是大口径光学系统检验的唯一方法。光机所也在做,但设计的仪器很大很重,不能轻易搬动,只能让被检件去凑仪器,实用性很差。潘君骅从苏联学到的相关知识在此刻正好派上了用处。

潘君骅从苏联回国前,曾找苏方要一套刀口仪图纸,遭到拒绝。回国后,光机所也有研究人员在做刀口仪,可是在概念和原则上有错误。刀口仪最灵敏、最关键的部分实际上只有一丁点大小,但它的座子很大、很沉。最关键的是需要检验仪器靠近被观测的零件,而不是要测的零件凑近检验仪器。大块的镜子移动起来有它的限制条件,这就需要刀口仪能够随便移动、小巧轻便。所以,潘君骅开始自己设计用于刀口检验的刀口仪。他画出结构图,请别人设计。还设计了点光源,相继做了一批刀口仪。

后来光机所逐渐意识到刀口检验的重要性,业务处要潘君骅就刀口检验办学习班。为此,潘君骅还专门编写了讲义,手把手地教大家怎么发现误差、怎么从阴影图发现光学上的瑕疵等。

1962年夏,上海照相机厂的人专门来到长春,请潘君骅帮助检测其生产的照相机镜头(图5-1)。随后,采用潘君骅的检测方法,游开琇、吴文峰等到照相机厂测试镜头。

光机所的刘禄对潘君骅设计的刀口仪记忆犹新:

图5-1 1962年潘君骅与上海照相机厂工作人员在长春合影
(右一为潘君骅,右二为游开琇)

潘君骅在长春光机所时期设计的刀口仪,后来交给天津光学仪器厂生产,中国目前都在使用潘君骅所设计的刀口仪。另外,他设计了广角光源、抛光机,直至目前光机所仍使用他设计的广角光源和抛光

第五章 重回长春 启程技术光学　　93

机。没有潘君骅从苏联回来，150经纬仪就做不出来。当时军管会的吴巴根在179任务上也非常赞赏潘君骅。①

大块玻璃应力检验

用普通检验方法来检验大块玻璃时，有一些问题不能发现，检验出现会缺漏。在苏联ГOMЗ工厂参观时，潘君骅偶然看到大块玻璃的应力检验，并虚心求教学到了这个方法。

> 我不是专门为了这个检验方法去参观，而是在参观时留心后顺便学到的。他们是用两个偏振器来检验，玻璃的应力不好，从其偏振干涉图可以看到分几个等级。这个方法很简单、也很灵敏，应力好不好马上就能判断出来。②

潘君骅觉得这个检验方法简单实用。回国后介绍给光玻室，在光学玻璃车间使用，一大批大镜面玻璃就依照这个方法检验。潘君骅自己在工作中也常用到它。

参与研制红外分光光度计

1958年，光机所开始研制红外分光光度计（WFD-J3型双光束自动记录红外分光光度计）③，该项目中的离轴抛物镜是一块约50毫米大的镜子，

---

① 刘禄访谈，2015年5月23日，长春。资料存于采集工程数据库。
② 朱晶，叶青：从天文光学爱好者到研究者——我的苏联留学生活。《科学文化评论》，2015年第5期，第116-117页。
③ 1963年离轴抛物面反射镜加工工艺。存于中国科学院档案馆。

这是红外分光光度计的重要部分，通过它可以获得平行光。还有一个零件就是最后聚光的椭球面，一直做不出来，成为卡在那里的一个难题。这个零件也是非球面的，两块非球面镜子的质量一直过不了关。

1962年，潘君骅参与项目，负责非球面加工。他发现，项目中非球面镜的检验办法、加工方法都存在问题，于是他专门设计了机床（图5-2）来磨镜子。

图 5-2　潘君骅为红外分光光度计设计的专门机床

对于红外分光光度计的工作，技术工人刘禄印象深刻，因为潘君骅提出方案后，具体磨镜子的工作和检验工作都是由他来完成的，整个过程持续了3个多月。磨出的镜子有两个，一个是做抛物面，另一个是椭球面。这是潘君骅回国后首次介入非球面技术。

1963年11月，该项目通过了由中国科学院组织的技术鉴定。1964年，分光光度计获得国家计委、国家科委工业新产品一等奖。1978年，光谱仪系列（九种）获得吉林省重大科技成果奖[①]。

参与研制半导体激光器

1961年9月，继美国研制出激光器之后仅一年，光机所成功研制出中

---

① 　WFD-J3型双光束自动记录红外分光光度计鉴定工作组工作报告。存于中国科学院档案馆。

国第一台红宝石激光器①。红宝石激光和气体激光等"叫得响的新东西"一时成为光机所的研究热点，非常受重视。除红宝石外，国内外科学家也在探索利用其他工作物质实现受激发光。

1963年，国外杂志上发表了砷化镓半导体激光的消息，光机所王乃弘的研究室马上行动起来。由于缺乏光学工艺方面的配合，王乃弘于是找到潘君骅合作。差不多就在同时，干福熹也来找潘君骅，想请他做钕玻璃激光器。潘君骅考虑到既已答应王乃弘，只好婉言谢绝。

1963年7月，全国第二次受激光会议在光机所召开。参会约有60人，提交论文60多篇，报告了中国已研制成功的红宝石激光器、氦氖激光器、钕玻璃激光器等研究成果②。在会上，王乃弘、潘君骅等正式提出了利用半导体材料实现受激发光的设想。

激光器主要由泵浦源、工作物质和谐振腔三部分组成。半导体激光器能够直接用电注入激励，易于实现调制，所以关键的问题是解决工作物质和谐振腔。早期半导体激光器以砷化镓材料为工作物质，使用研磨抛光晶体的方法制作谐振腔。但是，当时国外文献很少提及关键工艺及具体制作方法，所以中国科研人员只能自己摸索解决之道。

在做砷化镓激光的过程中，潘君骅不但很快磨制出谐振腔，用超声波切出元件，还主动将工作延伸到焊电极、通电试验、红外照相求证激光等。但开始一直出不来激光，王乃弘想了一个办法，即用非受激的砷化镓发光器件做红外通信试验，即光电话试验。这个试验需要发射及接收光学系统和可微调机架，潘君骅与裴庆魁在一周内画图并加工出两套可以在通话的两个地点相互对准的装置，然后在所部和光机学院之间试验。为了延长距离，后又到吉林市去试验，共做了北山——市宾馆（约15千米）、北山——公路上某点（约30千米）、北山——桦皮厂（约50千米）三个实验。当时的试验很原始，音频信号没有加调制，没有办法抑制杂光，只好在晚上试验。50千米试验成功，充分说明激光通信的潜力。

---

① 王之江：红宝石光量子放大器。《物理学报》，1964年第1期，第63-71页。
② 邓锡铭：《中国激光史概要》。北京：科学出版社，1991年，第180页。

当时的四机部曾经和他们联系过，商谈光电话的事情，但没有谈成①。

后来继续做 GaAs 激光，但扩散的 P-N 结好几次都出不了激光。潘君骅的夫人丰明媛看到一本美国电化学杂志上的文章，里面详细叙述了做砷化镓 P-N 结

图 5-3　潘君骅于 1964 年 4 月在吉林做砷化镓通话试验时与同事合影（左五为潘君骅）

的工艺过程及检验结的方法，很有参考价值。潘君骅把这篇文章推荐给王乃弘，研究很快就有了进展，在做出 P-N 结之后加以抛光，并用显微镜观察，就可以判断它能否出激光，不用一直做到底（即焊上电极做通电试验）。这样也加快了进度。

通过这种方法，研究小组于 1964 年 2 月 5 日初次观察到半导体砷化镓正向 P-N 结的复合受激发光。这次直接观察全靠王乃弘室里的近红外变像管，因为当时用的材料是纯砷化镓且扩散的杂质只能发出 0.83μm 的红外光，在一般眼睛可见之外。通过将近红外变像管放在杜瓦瓶里并灌上液氮，在红外变像仪的荧光屏上远场可看到 P-N 结的像的发光，近场可以看到干涉条纹。发出激光时，结线是非常亮的，第一个出激光的结一眼就认定了。但这样有个红外变像过程，还不便于记录。幸亏潘君骅的光学检验室里有红外感光底片，可以直接照相。潘君骅用红外底片拍下了发出激光的 P-N 结的远场照片及近场干涉条纹。

在独立观察到砷化镓 PN 结的复合受激发光后，1964 年 7 月，王乃弘、潘君骅等在《科学通报》上发表了《半导体砷化镓的受激发射》一文②。其中，潘君骅所做的工作包括抛光界面、超声波切割成小条、设法焊上电

---

① 中国工程院学部工作局：《中国工程院院士自述》第 2 卷。北京：高等教育出版社，2008 年，第 145 页。

② 王乃弘，潘君骅，聂朝江，等：半导体砷化镓的受激发射。《科学通报》，1964 年第 7 期，第 733 页。

极、测试时红外照相等。

半导体激光器的这项研究对于光机所来讲，国内第一，领先于半导体所，但也只是抢了国内第一而已。1964年，分迁上海之后，半导体激光在上海光机所没有起色，慢慢在国内就被淘汰了。

回上海受挫

对于轰动一时的激光研究，王大珩所长持观望态度，李明哲、邓锡铭、王之江等则很感兴趣，认为这是光学上的一次革命，应该大力发展，于是直接上报中国科学院副院长张劲夫，策划成立上海光机所专门研究激光。

潘君骅在光机所的工作基本上是辅助性的：建立起大镜加工、检测等技术基础；为夜视仪的光学镜头加非球面改正板，使其提高分辨率；还与王乃弘合作研究砷化镓半导体等。在这些研究项目中，潘君骅总是配角。1964年，光机所成立上海分所，43室搞砷化镓的团队都迁到上海，潘君骅也很想去。

分所的人员名单由李明哲和邓锡铭决定，同时也要听取王大珩的意见。邓锡铭明确对潘君骅说，以做砷化镓的名义，潘君骅不可能去上海，王乃弘也不行，因为王大珩不同意。

等到分所的大队人马去了上海，上海分所的工作也初步有了头绪后，潘君骅和王乃弘以借调名义到上海分所工作，协助分所建立半导体激光研究团队。其间，还做过从嘉定光机所东楼到市内国际饭店顶楼的光电话试验。

过了约四个月，在一次所务会议上，潘君骅为了离开长春，和王大珩当场顶了起来，争吵以潘君骅失败而告终。那时，个人根本无权决定自己的工作去向。

1964年末，潘君骅从上海回到长春，虽然还想继续做砷化镓方面的工作，也领了一些器材，但没有真正启动。

参与 541 任务

1965年年初，中国科学院承担了仿制美国"红眼"的低空导弹任务。组织院内几个所大协作，有光机所、技物所、自动化所、大化所等。

为了541任务，中国科学院内先组织了一个调研团到西安、洛阳等地有关单位考察。其间见到几张导弹刚出发射器口的照片，潘君骅和技物所的匡定波想根据照片上导弹的螺旋纹分析导弹的出口速度。回到北京后，张劲夫副院长接见了调研组人员并做工作指示。其中有一条指示是"就汤下面，不要另起炉灶"[①]，意思是尽量利用已有技术基础和条件，不要提很多新的要求出来。

潘君骅的工作手册上详细记录了张劲夫这次讲话的内容。回所后，业务处请他原文抄写了一份，供党委、所领导参考，并成为内部机密资料[②]。

调研一结束，研制工作立马开展起来。6月，光机所正式接受541任务，负责位标器。为此，所里专门成立541项目组，挂在43室。同时将41室做机械的邓树森、田瑜等，11室的潘君骅、裴庆魁和仇延昌等正式调入43室。王乃弘当541项目组组长，潘君骅任副组长，组员共27人，后参与研究工作的人员增至50人左右。

潘君骅提出：541任务是红外技术的应用，红外接收器是位标器的心脏，这项任务在技术方面应从红外的角度着眼。院里在分工时将接收器分在技术物理所，这是对的。但我们还是需要对接收器元件投入一定的力量，使位标器的总体设计能做得主动、做活。从所内来看，红外技术应用研究应该及早组织[③]。

该建议在档案材料中被很好地保存下来，但实际中并未被采纳。

541项目组共分位标器总体结构组、测试组、电子学技术组三个小

---

① 1965年张劲夫副院长关于541任务的指示摘要。存于中国科学院档案馆。
② 同①。
③ 1965年关于组织红外技术研究工作的建议。存地同①。

组，除此之外，还有目标背景辐射特性测试、光学设计、光学材料等研究工作在有关研究室进行，未组织到43室去[①]。

"红眼"导弹没有实物，参考资料只有响尾蛇导弹图纸、几张发射时的照片和极少量资料，还有一本潘君骅买的关于位标器的俄文译著。根据"响尾蛇"图纸，潘君骅按比例缩小画出了541位标器的结构总图。当然，有些是不能死板地照缩，如光学系统。裴庆魁拆成零件图。另外，潘君骅还设计了测试用的光学系统。

先光学后机械，这是做光学仪器的客观规律。王乃弘设计磁钢物理。导引头光学设计是11室孙晶做的。上海技物所提供硫化铅元件尺寸及线路。潘君骅再设计测试位标器用的转台上的光学系统，仇延昌算光线。41室的人接着做转台的机械及电路。试制工作进度很快，不到一年就做出完整的位标器样机，在实验室里能跟踪十几米之外的一根香头。

接着，总体方面提出要将球形整流罩改成角锥形，541项目组只好听从，做出了八角形的尖锥形整流罩。在自动化所的整弹控制、大化所的固体推进燃料完成后，在北京自动化所总装成弹。位标器在1966年上半年做了很多次试验，那时国内政治形势已是十分紧张。试验很潦草，在没有做过总体性能测试的情况下，就到北京怀柔进行实弹试射。试射那天郭永怀也去了。结果打了两发，导弹不知所终。潘君骅后来怀疑八角整流罩没有经过严格平衡，整弹好像也没有严格平衡。

541任务组成员内部也产生了各种矛盾。随着"文化大革命"大形势的发展，组内矛盾激化起来，541任务无法继续，业务处只能正式宣告停题。

1967年8月，国防科委正式通知："由于541项目在战术上、技术上问题很多，目前作为一个研制型号，占用很多技术力量是不适宜的。为了将国防科研力量集中于最急需的国防科研项目，经周总理和中央军委同意，决定将541停止下来，技术人员由国防科委根据专业和需要调整安排。"[②]

"文化大革命"末期，潘君骅和王乃弘按业务处的安排，去沈阳松林

---

① 1965年关于541任务组织方案的初步意见。存于中国科学院档案馆。
② 1967年通知停止研制541任务。存地同①。

机器厂解答541位标器图纸上的一些问题，这时潘君骅等人才知道图纸已经转到他们手里。此后，541任务就再也没有任何信息了。

在困难中行进

"文化大革命"伊始，王乃弘花大力气做出锗参金元件，想解决迎面探测飞机问题，后做成位标器到湖南莱阳试验。潘君骅那时已经有大字报，不让出差。莱阳试验之后，项目组陷入内部矛盾和争论之中，541工作基本停止。

有一次，王乃弘较长时间出差上海，潘君骅独自利用541项目多下来的硫化铅元件设计加工了一个简易装置，做了一次中红外成像试验，将加热的电烙铁头在荧光屏上成了像。这个试验的原理是王乃弘想出来的。可谁知王乃弘回来看后并不积极。不过，科技处还是把"中红外成像"立项为67号课题。后来局势越来越乱，除了150等紧急任务，别的课题基本都停了，中红外成像课题也不了了之。

"文化大革命"中，清队时潘君骅主动交代：曾说过林彪可能是杨成武后台的话，再加上潘父的"百年家事"手写本，潘君骅被定为"现行反革命"。为此潘君骅被关了8个月。刚放出来，又赶上"一打三反"运动，被整了很久。每当需要时，就将潘君骅从光学车间叫回三中队，作为运动对象反复批斗。直到林彪倒台，潘君骅才得到彻底解放。

幕后参与太阳模拟器

太阳模拟器是用于地面模拟人造卫星在空间轨道上受日照并向空间辐射热量而达到温度平衡状况的试验装备，也可用于太阳电池能量转换试验、卫星姿态控制试验及元部件的太阳辐照试验等。

1967年10月19日，为了适应人造卫星地面模拟试验的需要，中国科学院新技术局军管会生产领导小组向光机所下达了 KM4 太阳模拟器研制任务，辐射面积要求直径 4 米。光机所专门组建了太阳模拟器研究室。该研究室由造反派胡文高负责，胡文高是转业兵，不是技术人员。虽然潘君骅不在这个研究室，也从未参与这个项目，但胡文高对潘君骅很信任，他派人来找潘君骅，让其参加一些项目方案性的讨论。"士为知己者死"，于是潘君骅一边被批斗，一边做太阳模拟器。

研究室原来有一个设计方案，是 37 个单元，并且已做出样机。那时潘君骅根本没有条件去看样机，他们只能给潘君骅看图纸，仅从图纸上，潘君骅就指出样机有一个元件的正反向位置不对。究其原因，是设计的时候就设计反了，但改过来也容易，只要把这一片元件反过来装就可以，修改后效果也立竿见影。

除了指出设计上的问题，潘君骅还帮他们考虑下一步工作——是采用 37 个单元还是 19 个单元的方案。研究室本来意见就有分歧，有人主张用 37 个单元，王大珩主张用 19 单元，就是使用 19 个氙灯的拼接方案。他们在这两个方案之间举棋不定。

潘君骅通过大量计算，认为 19 个单元更合理。1971 年潘君骅工作笔记中有详细的"椭圆反射聚光罩计算"，这个计算就是为了更清楚地说明太阳模拟器的设计方案哪种更合理。因为用在太阳模拟器上的并不是完全理想的椭圆，还需要做修正。潘

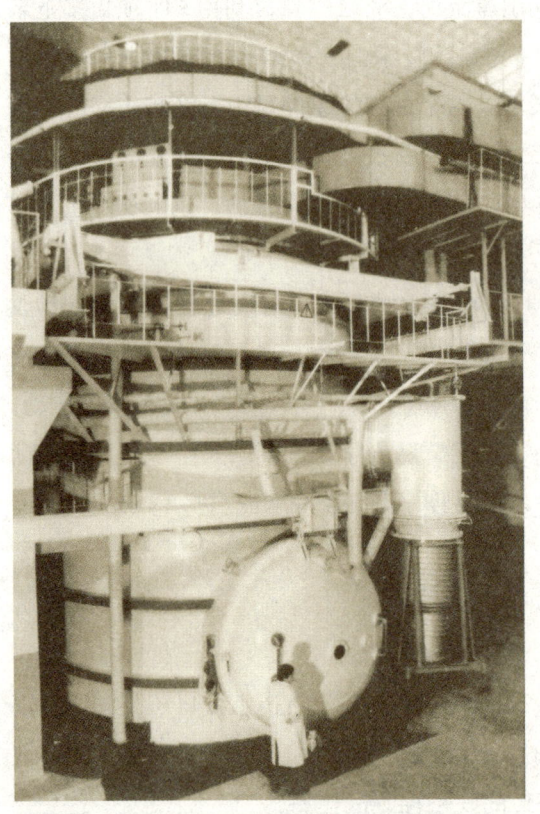

图 5-4 20 世纪 70 年代潘君骅参与讨论的 KM4 太阳模拟器

君骅计算后认为稍微偏离一点椭球的做法可能更好一些。这种脑力活没有谁布置，也不是非要算不可，完全是潘君骅出于学者求真和执着的本能，自觉自愿地去做且乐此不疲。

研究室讨论之后，决定选用 19 个单元方案。相比 37 个单元的方案，19 个单元的方案镜子少了，每一个单元尺寸可以大一点，但也不是大到不可接受。而且，单元数少一些，后续的问题就简单得多。

潘君骅参与太阳模拟器设计的讨论是简单讨论，当时没有条件也不可能直接参加到课题的正常学术讨论中。"我完全被动，是他们找我，我就把意见告诉他们。"[①] 即便如此，潘君骅作为一个有良知的知识分子，不顾环境恶劣，不求名利，不求回报，甘愿为项目研究默默奉献，做无名英雄。

1978 年，太阳模拟器开始运往北京试验场地，进入整个系统的现场安装。后因经费问题暂停。直到 1988 年 5 月，再次恢复安装工作并做了部分改进。1991 年年底，KM4 太阳模拟器通过国家科委组织的技术鉴定。

自主研制激光球面干涉仪

1972 年，潘君骅已是军代表单奎章"改造"知识分子的典型，政治环境好了很多，可以做一些零碎的工作。这时，他被安排到光学车间技术组。

干涉仪器主要用于光学元件的质量检验和半径测量。光机所建所之初即开始研制干涉仪，其中沼气检定仪就是干涉仪的一种。军管会号召搞技术革新，这时潘君骅就想到做球面干涉仪。氦氖激光光源商品出现后，潘君骅做了激光球面干涉仪原型试验。接着，设计了正式的激光球面干涉仪，可同时测量球面曲率半径和面形局部误差，最大可测半径达 2 米。陈星旦认为：在测量 0.5 米以上半径时，激光球面干涉仪的误差远小于机械

[①] 潘君骅访谈，2015 年 3 月 19 日，苏州。资料存于采集工程数据库。

式球径仪[1]。

1973年12月，潘君骅提交了激光球面干涉仪研制报告，包括研制经过、基本原理、仪器结构介绍、标准物镜组、曲面半径的测定、半径测量的精度分析及实测结果、激光光源的一些特征、样机试制装调过程中遇到的主要问题和经验、下一步工作的初步意见等[2]。

图5-5 潘君骅在光机所研制的激光球面干涉仪

这是国内首台激光球面干涉仪，从提出最初设想到完成样机共花了3年左右的时间。研制成功后，一直为中国人民解放军某部队所用。

后来，长春光机学院用潘君骅的样机图纸生产了数台激光球面干涉仪作为校产品，且经五机部鉴定通过，投入试生产[3]。在此基础上，裴庆魁将标准面镀半透膜，研制成功多光束激光球面干涉仪。虽然不能测凸面及曲率半径，却能用于检验大凹面镜和光学系统的波差，其干涉条纹明锐，便于判读。

1974年，潘君骅在广西南宁全国长度计量及精密测试经验交流会上向

---

[1] 《当代中国》丛书编辑部：《中国科学院·下》。北京：当代中国出版社，1994年，第97-98页。

[2] 激光球面干涉仪研制报告。存于苏州大学档案馆。

[3] 1982年12月29日长春光机学院科研处致潘君骅。存于长春光机所档案室。

学界同人介绍了激光球面干涉仪。1978 年，激光球面干涉仪获得中国科学院重大科技成果奖、吉林省重大成果奖。

在做出球面干涉仪之后，潘君骅发现了一台完全废弃的硬度计壳体铸件，利用其他多余的光学件，潘君骅很快就产生了做一台大型测厚仪的想法。当时的光学车间也很缺这档仪器。潘君骅做成的大型光学测厚仪由光学车间的检验员李桂兰负责使用，她多次反映这个仪器"很管用"，很解决实际问题。

潘君骅还为输电供电部门设计制造了遥测高压线接头温度的红外测温系统的镜头等精密仪器。

思考非球面铣磨机构的实现问题

潘君骅刚回国时，王乃弘在做夜视微光增强管。这个增强管需要有一个光学系统配合，并且要求这个光学系统的相对口径很大，也就是焦比数要很小，这样才可以发挥微光管的优势。王乃弘自己设计了一个 Bouwers 同心系统，可如果没有校正板，高级球差就没有办法消除，导致剩余球差很大、初级色差也大，影响分辨率。用球面系统来解决这个问题基本不可能，而用非球面校正板是很容易的。王乃弘当时还忙于变像管的制造，无暇顾及镜头的事。潘君骅主动给他的镜头加了一块非球面校正板，开始是单片的，后来又做了消色差的。加上后的效果，肉眼直接就能看出来。后来，南京华东光学仪器厂专门来找潘君骅希望提供技术援助，就是为了这块校正板。

清队时，潘君骅遭隔离审查，除了逼供时非常难受，平时没事做，也没书看，只有凭空想想。最容易想的就是平时做得最多的事，还是不需要做实验的。自然而然，潘君骅就想到怎样用机器产生非球面。

政治压力尚未消除，潘君骅已经开始研究非球面技术，思考非球面自动机构并进行分析计算，具体包括非球面研究包括浸没元件之前的光学系统考虑、测轴温的红外装置考虑等[①]。

---

① 潘君骅：浸波元件之前的光学系统考虑。资料存于采集工程数据库。

1971年潘君骅的研究笔记中详细记录了对设计非球面自动机构的思考。他从铣磨球面时的误差得到启发，发现如果用薄壁铣磨环在铣磨球面的基础上做一定的运动或者调整某种几何关系，可以产生非球面。经过分析知道，这种得到非球面的根据和过去的完全不同。对于凹的非球面来说是利用了次法距差的特性，对于凸的非球面则是利用空间角度产生。为此，潘君骅分别对凹的和凸的非球面加以研究[1]，并专门撰写了非球面光学工艺的研究报告，包括研究背景、进行非球面加工的研究试验、设计并制造非球面修带机的方法、建立适用于工艺需要的检验装置等。王大珩对这个报告进行了细致修改并推荐发表[2]。

　　潘君骅看到，明明好多地方可用非球面来改善成像，但光机所就是不采用，潘君骅有点恨铁不成钢。到20世纪90年代初做921任务时，光机所还有人反对用非球面系统，理由是不好加工，或说加工达不到设计要求。

　　"文化大革命"结束以后，工作上究竟做什么？对潘君骅是个很懊恼的问题。光机所为了留住潘君骅，还给他安了个光谱室主任的头衔，可他们根本不知道潘君骅要走的主要原因：一是没有适合的工作方向，感到非常空虚；二是想回故土。当官之事，潘君骅是根本不放在心上的。在长春，潘君骅默诵得最多的是范仲淹的《渔家傲》。

　　　　塞外秋来风景异，衡阳雁去无留意，四面边声连角起，千嶂里，长烟落日孤城闭。浊酒一杯家万里，燕然未勒归无计，羌管悠悠霜满地，人不寐，将军白发征夫泪。

---

[1] 潘君骅：非球面自动机构。资料存于采集工程数据库。
[2] RW-PJH-7，非球面光学工艺研究工作报告。存于苏州大学档案馆。

第六章
殚精毕力　主持216工程

1958年,南京紫金山天文台的一批年轻天文工作者特别是初毓华,提出自力更生研制2米级的光学望远镜的建议,定的具体口径尺寸是2.16米。因为当时苏联自行研制的口径2.6米的克里米亚镜已完成,美国国立光学天文台正在研制口径2.13米的望远镜。基于"冷战"的政治背景,中国的2.16米天文望远镜基本模仿苏联设计,而口径比美国的大了3厘米。这样大口径的望远镜可排在世界第五[1]。如果按国家来算,中国还可以排到第三,这就当时的中国国力而言,堪称一个伟大的壮举。做成这架望远镜,不仅对中国天文学发展有巨大贡献,还会对中国的光学、精密机械和自动控制等先进技术的发展产生巨大的推动作用和影响[2]。

1959年3—7月,中国科学院先后在南京和长春召开会议,决定成立216联合工作组,设在南京,由紫金山天文台领导,长春的机械研究所、光学精密机械研究所各抽调若干工程技术人员作为工作组成员。216望远镜最初设计的结构是仿照苏联2.6米望远镜的型式,即圆盘叉式,图纸由

---

[1] 中国科学院国家天文台:《中国科学院北京天文台史(1958–2010)》。北京:中国科学技术出版社,2010年,第99页。

[2] 苏定强:2.16米天文望远镜大事记。见:苏定强主编,《2.16米天文望远镜工程文集》。北京:中国科学技术出版社,2001年,第5页。

南京工学院（现东南大学）设计完成。潘君骅还在苏联学习时就已经接触到216望远镜项目。

为60厘米中间试验望远镜做光学设计

代表团带着216的图纸访苏回国后，正赶上国家出现经济困难，很多大项目被停，大望远镜属于"奢侈品"，自然也被叫停。为了保存技术力量、积累经验，216联合工作组采纳王大珩的意见，从现实技术力量的角度考虑，决定先按1∶3.6的比例做一个缩小的中试产品，即60厘米口径的中间试验望远镜。1959年11月的216第二次联合工作会议正式确定了60厘米中间试验望远镜的研制计划，技术上由龚祖同负责，研制任务交由南京天文仪器厂。

中间试验望远镜镜筒的桁架形式、赤经轴油垫轴承等都是基于做大望远镜的需要来设计，以便取得经验。60厘米望远镜的机架形式仍保留叉式。当时参与研制的李德培记得：

> 1958年，我们天文台跟南京教学仪器厂（后改名为"江南光学厂"）合作，他们派出了四位同志负责测绘望远镜，我们就照葫芦画瓢。潘君骅跟张俊德做光学部分。我们为这事还给苏联写过信，请教马克苏托夫关于建立研制中间试验望远镜车间的事。最早做60厘米望远镜虽然也用了磨镜机，但有时候还是用手工磨这个土办法，因为当时磨镜机不是很理想。这台望远镜的观测效果不是很好，因为是我们第一台望远镜，是试验品。[1]

第一个60厘米望远镜不叫"中间试验望远镜"，仅花了3个月就由南

---

[1] 李德培访谈，2015年3月30日，南京。资料存于采集工程数据库。

京教学仪器厂研制成功，后装到南京紫金山天文台，但在实际观测中没起什么作用。

从苏联回国后的潘君骅参与到60厘米中间试验望远镜的研制中，为它进行光学设计。这时已经是第二个60厘米望远镜。1965年10月，南京天文仪器厂负责的主镜、副镜和镜筒等部分通过了中国科学院的鉴定。1966年4月，镜身与传动系统等部分也通过鉴定并进行总装，从南京天文仪器厂出厂安装到北京天文台。1968年，60厘米望远镜正式建成，但因传动链太长、爬行严重，以致不能正常使用。"文化大革命"期间，60厘米望远镜的研制工作进行得断断续续，但一直没停。

图6-1 1958年建成的60厘米望远镜

1976年在兴隆山上，项目组本打算开验收会，龚祖同主持此次会议。后发现赤经轴传动系统的爬行现象十分严重，天文台方面提出质疑，所以验收会临时改为"会诊会"。会诊期间，潘君骅发现赤经轴驱动系统的电机电流曲线有十个明显的峰谷变化，而且是由一对伞齿轮啮合不好造成的。自动化所的竺松等立刻甩掉伞齿轮，临时用力矩电机直接驱动赤经蜗轮副的蜗杆，电流曲线马上就平稳了。这样，困扰多年的爬行问题得以解决，"会诊会"圆满结束。

爬行问题解决后，这台60厘米的望远镜总算能够稳定工作，主要性能指标也达到使用要求，并被安装在北京天文台兴隆观测站。该镜通光口径60厘米，主焦比F/4，卡焦比F/15，折轴焦比F/30，圆盘叉臂赤道式。总造价60万元。60厘米中间试验望远镜为216工程的设计方案积累了宝贵的经验。

在60厘米试验望远镜中，潘君骅在光学方面做出的最主要贡献就是使用新方法检验凸面镜。对此，龚祖同曾说过：

凸非球面镜的精确检验在以往一直被认为是比较困难的，一般所用检验办法都不够理想。自潘君骅把马克苏托夫提出的补偿阴影检验原理应用于检验凸镜后，凸双曲面镜的检验得到了比较满意的解决，60厘米试验望远镜中的凸双曲面镜就用了这个方法。[①]

负责216工程总体技术

早在1961年3月11日，中国科学院就正式下达了研制2.16米口径的大型望远镜任务。1967年，项目中止六年之后，中科院再次下文，要求216任务继续进行，这是216工程的重新启动。但是当时正值"文化大革命"，社会秩序混乱，216工程进行得很不顺畅，先是做了大量技术调研，后来进行了方案设计、论证、评审等大小会议多次。1972年春，中国科学院发出恢复216工程的通知。同年12月在南京召开会议，讨论216设计任务书。1973年9月在南京召开方案审定会。

1974年3月15日，中国科学院正式下达2米反光望远镜设计任务书[②]。这是2.16米天文望远镜的最后设计依据。设计任务书由北京天文台的天文学家经过多年调研和反复讨论产生。任务书确定后，许多具体设计方案的选择仍须进行大量讨论。根据设计任务书所提出的要求，北京自动化所和南京天仪中心开始进行具体设计及试验工作。而此时，光机所原从事216项目研究的人员有的已调到西安，有的去了南京。

正式参与

经王大珩推荐，潘君骅正式参与到新上马的216项目中。1975年9

---

① 龚祖同：《60厘米试验天文反射望远镜专集》。北京：科学出版社，1980年，第33页。
② HX09-1，2.16米光学天文望远镜设计任务书及报告文件资料。存于南京天仪公司档案室。

月6日，216工程领导小组成立，潘君骅担任技术总体组组长，不免惶恐："1975年从长春去南京参加一次会议，我被任为技术组长，这时才有了责任感。我没有做大光学工程的经验，心里也有点惶恐。"[1]

潘君骅上任时，望远镜设计的大方案已定，实际工作也在进行中，开始绘制机械零件图。潘君骅只能从看图纸着手，并经常和经验丰富的胡宁生[2]一起讨论。胡宁生不是项目组成员，他认为216组人际关系非常复杂，并不愿意介入，但在技术问题上，他对潘君骅倾囊相授。潘君骅经过了一段时间的摸索才抓住了工作要点，逐渐融入216项目的角色中。

任务书设计初稿是由北京天文台蒋世仰、黄磷、尹济生提出的，机架已经按照程茂兰的意见改为双柱式。从圆盘叉式改为双柱式，这是机械装置上的一个重大改变，程茂兰等人功不可没。

程茂兰在法国普罗旺斯天文台工作过很长一段时间，熟悉法国望远镜。法国的望远镜是双柱式。1959年回国后，程茂兰接触到216项目的总体设计。他认为：若采用圆盘叉式，卡氏焦点空间小，不利于安置大的终端设备。要想镜筒下面空间大，叉臂高度就要很高，叉臂的重力弯曲变形是随观测指向而变的而且较大，在力学上不太好处理。叉式结构适宜高纬度地区用，北京纬度不算很高。而双柱式有一个很大的优点就是镜筒的下端空间比较大，可以挂上比较大的终端仪器，如光谱仪。程茂兰倾向于改为双柱式装置。后来经过多次方案讨论，意见逐渐趋向一致，双柱式方案被采纳。

双柱式望远镜有很多种。再次启动216工程时，美国McDonald天文台的2.7米望远镜已经研制完成。中国天文代表团访美期间，专门到McDonald天文台参观。而现在的2.16米天文望远镜外形和美国的2.7米

---

[1] 潘君骅访谈，2015年3月19日，苏州。资料存于采集工程数据库。

[2] 胡宁生（1932-），天文仪器专家。主持研制成紫金山天文台人造卫星观测用的43/60/80厘米施密特望远镜。提出两种测量大气反常折射的实用公式；主持创制使用真空镜筒的Ⅱ型光电等高仪和真空照相天顶筒。在大型子午环中推出使用反射光学系统的方案。参与欧洲大型太阳望远镜（LEST）工程的国际合作研究，并被推选为LEST的科技指导。发展了大型精密光学封窗的制造技术。

第六章　殚精毕力　主持216工程

望远镜很像，设计者也明确说是仿 2.7 米望远镜的双柱式[①]。

潘君骅领导的 216 工程技术总体组其职责包括负责望远镜本体、分光仪及圆顶的技术方案与技术审查，对重大技术方案做出决定或修改设计任务书，协调解决 216 工程光、机、电三部分的技术问题，对主要部件进行验收，对圆顶工程提出有关技术参数等 9 项，而各项任务的分工也非常明确。

（1）光学设计由苏定强负责，参加人有王亚男、周必方、余新木等。

（2）机械方面由南京天仪厂专门成立 216 组，望远镜各大部套的设计人员分工也已明确：

黄铁琴——组长，设计主镜罩。

郭乃竖——副组长，镜面支承系统及主镜室设计。

包可人——副组长，赤经油垫设计。

张卫———极轴和纬轴设计。

施志强——赤纬蜗轮传动设计。

郝庆祥——赤经蜗轮传动设计。

夏立新——赤经反力矩齿轮设计。

唐敬庆——中间块及桁架镜筒设计。

蒋筱如——副镜室及副镜调焦系统设计。

陈禄顺——翻转 45°平面镜机构及扁球镜镜筒设计。

陆文治——卡焦仪器接口设计。

祝　捷——卡焦照相机和改正镜筒设计。

麻怀俊——电控制台设计。

（3）望远镜内部的电学部分由沈盘安负责，参加人有杨宜林、朱立卿、徐如清、陆海天、顾玉华等。

（4）整个望远镜的电控由北京自动化所负责。[②]

[①] 中国科学院国家天文台：《中国科学院北京天文台史（1958-2010）》。北京：中国科学技术出版社，2010 年，第 100-101 页。

[②] 1975 年唐廷友抄写的 216 工程各组名单。存于采集工程数据库。

问题层出不穷

大型光学天文望远镜设计与制造中的技术困难是非常大的，对于没有经验的设计队伍尤为突出。重启216项目时正处于"文化大革命"后期，出国实地考察、国际合作都不可能，人文环境也不容乐观。1976年之后，天文界出国访问的机会渐多，有时带回一些有价值的数据资料，但当时216的大件早已投入加工，可谓大局已定。

1976年4月，中国科学院天文处主持召开216工程机械机构审查会，机光所的唐九华等都参加了会议。会上主要是审查仪器总体设计上的一些问题，所以天仪厂的设计者都将图纸带到会场。讨论内容包括镜筒震动频率、镜筒双侧支承、桁架中间块、主镜罩及微调平衡等问题以及领导小组扩大会议。那次会议，潘君骅有些不愉快的记忆：

> 我记得一件很莫名其妙的事：一天会后的晚上，我想再看看蒋某的图纸，找人拿了出来，这本来是很平常的事。哪知第二天，蒋某在会上指名骂我，说不应会下看图纸，语言十分难听，连中国科学院领导张副局长都听不下去了，当场予以训斥。据猜测，这是有人故意挑拨。后来，唐九华对我说，天仪厂这么复杂，你不要去了吧。①

216项目重新启动之际还是政治挂帅的年代。潘君骅到南京后不久，天仪厂党委书记王刚就明白地对潘君骅说："216组人员关系复杂得很，有些事你不要表态。"② 人事关系引起的各种矛盾都直接带到科研工作中了，由此可见一斑。上上下下都是这种状态，开展工作之难可想而知。作为组长的潘君骅要协调各种矛盾，除了人事关系的复杂，更面临许多技术困境。

---

① 潘君骅访谈，2015年3月19日，苏州。资料存于采集工程数据库。
② 同①。

从技术角度上来看，主要的困难有光学设计及加工的高指标、很高的跟踪精度指标、卡焦—折轴光路的转换机构、悬臂式赤纬轴的刚度问题、副镜精密调焦平稳性、主镜定位、支承及主镜背面不通孔的加工等。这些大的问题由项目组成员合力解决。但是，各种小的问题、突发事件也层出不穷，经常必须要组长出面解决。

在一次副镜调焦试验中，电机反常转动造成部件损坏，现场的技术人员表示无法解释。负责电控的杨某下意识地怀疑是做具体线路的陆海天"故意破坏"。潘君骅痛恨"文化大革命"时随便冤枉人的做法，直接驳回杨某毫无根据的说法。但事情总要解决，技术人员既然已找到潘君骅，他只好亲自去查看线路图、核对实物线路。经过反复检查、试验，发现是一个电器元件质量的问题导致了电路故障，只需要更换那个电器元件。事后，杨某还不服气地说，"你又不是搞电的"。潘君骅无奈地笑笑说，"这个线路很简单，我在机械系学的电工知识够用了"。

1975年11月，2.16米大型反光望远镜八大部件审定会在南京天文仪器厂进行。纬轴和中间块都属八大件。八大件审定的目的是希望在大件上不要出根本性差错，造成报废，否则损失太大。仔细审查图纸后，潘君骅觉得有两个问题比较突出，一是纬轴刚度不够，难以达到设计任务书上的要求并画了示意图。负责纬轴的张卫一积极配合，很快同意将纬轴尽量缩短些，以改善一些纬轴变形。二是中间块重量太大，二层钢板厚度均为20毫米，实在太厚，没有必要。中间块太重会导致纬轴变形加大。负责这项工作的唐敬庆一直不肯修改设计。天仪厂不得已之下，只好请中国科学院力学所的同志帮助计算，并请力学所的专家王震鸣到南京来专门开会讨论。会上大家一致表示中间块太重，必须改。唐敬庆这才勉强同意改掉一些重量，把内层钢板从20毫米改为10毫米，中间块从9吨改为6吨。其实中间块还可以更轻些，但唐敬庆坚决不同意再改。那时还没有普及有限元计算法，完全是用经典材料力学的公式，对复杂部件的准确性不太有把握，这就使得设计者没有大局观，只想着要确保自己这部分部件不出问题，而不考虑仪器的整体运行。这时，作为技术组长就必须出面协调，有时工作会遇到各种阻力，难以贯彻执行。

双柱式望远镜的镜筒在有些状态下，碰基墩是不可避免的问题。为了防止 2.16 米天文望远镜镜筒碰基墩，潘君骅做了大量的计算。1977 年，北京天文台提出要有保护装置，潘君骅就向电学的顾玉华提出加保护装置，顾玉华则要求提供镜筒在将要碰基墩时状态位置的数据，这当然是合理的要求，但项目分工中无人负责此事，潘君骅只能自己做。作为一个工程的总负责人，常常需要应急去做一个普通技术人员的工作。要计算的是镜筒临碰时赤经赤纬读数，没有现成的公式，潘君骅必须一点点去推导公式和进行各项具体计算，占用了他大量时间和精力。事后总结经验教训，他也觉得这种凡事亲历亲为的做法在管理大工程项目时并不可取。

还有一次，北京天文台在 1988 年的一次工作会议上提出赤纬传动也要加反力矩机构，以消除蜗轮间隙。这个在原来的设计任务书上是没有的，且当时大件都已经加工出来，临时改设计非常困难，也不合规矩。但这个要求在技术上是合理的，潘君骅支持了使用方的意见，同时把难题留给了自己。在望远镜厂内解体后、装箱发运之前，潘君骅花了不少脑筋，亲自设计，硬是在镜身大轴体上找到一个适当位置，加了一个用摩擦传动的赤纬反力矩机构进去。

总而言之，2.16 米天文望远镜的设计虽然经过了 60 厘米的中间试验，但实际上遇到的难题远远不是中间试验所能解决的。

主镜

当时的天仪厂无法独立完成 2.16 米天文望远镜主体上主要的大机械零件，需要通过协作才有可能制造。主要有极轴、大平衡重、镜筒的中间块、主镜室、大蜗轮副、大齿轮、纬轴、副镜笼等机件。位于上海的协作单位大都第一次遇到要求如此高的仪器零件，缺乏成熟的经验。为了保证这些大件的质量，2.16 米天文望远镜的设计人员经常奔波于南京、上海之间。虽然事先的准备及加工方案论证工作都做得很仔细，但由此一来加工周期就拖得比较长。

其中，主镜镜坯的协作是一次很沉痛的教训。

主镜镜坯最初选的是苏联生产的镜坯，它是1959年从苏联进口的ЛК5玻璃，和美国的派勒克斯差不多，热胀系数比普通玻璃低些，但不及微晶玻璃。该镜坯由三坩玻璃分层浇成，有明显接合面，内部杂质如气泡、条纹和结石等也很多，更不理想的是在工作表面有几处硬度不均匀。由于玻璃夹层在发生作用，磨制时转到不同位置面形就发生变化，以致无从下手进行再修。

后来决定使用上海新沪玻璃厂为216研制的微晶玻璃镜坯。新沪玻璃厂先出了一些较小的镜坯，如上海天文台1.56米望远镜用的镜坯、216折轴平面光栅分光仪准备用的1.5米镜坯等。1979年8月27日，一块各方面质量都比较好的镜坯在检测时，由于吊钩位置不当，在移动已停止的状态下发生翻倒而打破。

图6-2 潘君骅在上海新沪玻璃厂验收2米微晶玻璃时与同事合影（右二为潘君骅，右三为龚祖同）

过了4年，新沪玻璃厂才又浇出一块直径2.18米、厚237毫米的微晶玻璃镜坯，质量很不错，内应力也很小，完全符合216项目镜坯的要求。潘君骅很满意这块玻璃镜坯，期望它能用于216，并邀请王大珩来参加镜子的验收会①。1989年年初，镜坯开始进入粗磨、挖孔、开半径等阶段。在车间里已做完滚外圆、细磨、开球面、挖18个不通孔等工序后，1990年11月已基本成形。眼看成功在即，谁知11月27日，由于移位起吊时，钢丝绳用得太细发生断裂，这块镜坯被打碎了。

那时胡宁生当厂长管生产，他把主镜加工的事承包给了光学车间主任高必烈，潘君骅作为216项目负责人也没法介入具体工作细节。对此，潘君骅一直耿耿于心：

> 他们搬运镜子的事没有告诉我。高必烈自己设计了镜子的吊装方案，他不是学机械出身，只计算了钢丝绳的拉伸强度。而他的方案中，钢丝绳用得很短，又用了绳夹，使绳夹夹紧处（在吊钩的紧下方）产生很大的剪切应力，起吊后就好像一把剪刀在剪钢丝绳。当场，厂里配合他开行车的工人和地面保护人员凭直觉感觉不行，想制止他，但高必烈很不耐烦地回答说："不要干扰我。"最后，镜子打碎了。高必烈的刚愎自用和当时工作制度的缺陷是造成这次重大事故的主要原因。②

关于详细的事故报告及负责人等情况，天仪厂有专门报告给中国科学院，虽然事故责任已有定论③，但完全符合尺寸要求的微晶玻璃仅此一块。重新生产根本来不及，于是216主镜不得不退而求其次，重新使用1959年苏联产的那块镜坯。

苏联镜坯比微晶先磨，磨苏联镜坯时，负责的是李某。由于镜坯各处的硬度不均匀，在抛光时产生非轴对称的局部高低，工人感到无法继续磨下去，找到李某，但他听了不置一词就转身走人，工作停在那。左士杰厂长只好去找潘君骅，潘君骅查看了他们在抛光过程中照的阴影图照片，指出是非轴对称的局部误差，建议停下机器，用手工修磨，这样才继续磨

---

① 1983年12月17日潘君骅致王大珩的信。资料存于采集工程数据库。
② 潘君骅访谈，2015年3月19日，苏州。存地同①。
③ 同②。

下去。经过多方努力，最后主镜镜坯磨制终于基本达到要求。即便如此，216 工程在验收时的鉴定意见还是指出：

> 由于主镜毛坯质量的限制，光学加工遇到了难以克服的困难，经过十分艰苦的努力，磨制了目前使用的镜面，光学性能良好，光能集中度指标与国际先进水平尚有差距。建议今后采用新的技术和方法加以改进。①

2.16 米天文望远镜至今仍没有用上国产微晶玻璃的主镜，这是潘君骅心中的一大憾事。

机械

尽管桁架镜筒的力学原理、油垫设计、齿轮设计等单项设计均有资料可以参考，但 216 在机械方面同样遇到了很多问题。

1983 年，潘君骅向 216 工程领导小组汇报望远镜赤经传动机构的设计难度，将蜗轮传动和齿轮传动系统情况进行了比较，请领导小组在 5 月中旬汇报进展情况时邀请有关方面的专家协商并做决定。

赤经传动要求精度很高，本来决定是用蜗轮副装在极轴南端。虽然它的传动效率低，但其制造精度高。而在极轴北端，按原定方案有一套齿轮的赤经传动系统作为蜗轮传动消间隙之用，其精度要求不是太高，制造问题容易解决。

> 蜗轮传动系统由郝庆祥负责，他工作仔细认真，和我私人关系很好。但是他有一个缺点，就是工作有点拖拉。他设计的这套部件尺寸过大，占去圆顶室南面很大空间，地面还要挖个大坑。齿轮传动系统由夏立新负责，夏年轻，肯钻研，干劲很足，他不甘心齿轮传动只做

---

① 1997 年潘君骅申报中国工程院院士材料。存于采集工程数据库。

反力矩用，打听到南京汽轮机厂有好的设备可以加工高精度齿轮，在齿轮设计上也下了功夫，增加啮合长度，提高了传动精度。夏实际上是在暗暗和郝较劲，他不声不响地在协作加工厂努力提高制造精度。等测出齿轮的传动精度完全达到216要求时，夏正式提出了不用蜗轮传动的意见。于是召开专门会议讨论这个问题。

在事实面前，虽然我和郝的个人关系很好，但不得不支持夏立新……用齿轮系统还有另一个重要好处，就是调极轴方向时比较自由，没有牵连。这时大极轴还在厂里，把装蜗轮的一段截掉不是难事。这事得感谢夏立新，如果还是用蜗轮副，216在使用时不知要增加多少麻烦！本来所需的反力矩系统，只要复制一套齿轮系统装在对称位置就行了。①

1986年9月，2.16米天文望远镜进入装光学件阶段，主镜已经装入，正在准备装副镜，第一平面镜及扁球镜准备镀铝。10月装完光学件。11月调整光学系统，年底进行光机电联调。

调试和安装

216工程越是进行到后期，潘君骅投入的时间和精力越多。1986—1990年，潘君骅大部分时间都花在216工程项目上，特别是车间装调和拍照试验以及到兴隆山上调试。

望远镜运到兴隆之前，在南京天仪厂需要做大量的准备和装调工作。首先是零件组装，要先确定机械部件组装时的检测方案，潘君骅在厂内对有关工人和检验室人员做了方案介绍。装主镜时，发现内孔的金属球面定位部件装到一半就装不下去了，有人主张修改金属件，潘君骅坚决不同意，因为主镜内孔有锥度，应研磨玻璃内孔，使其上下尺寸一致。潘君骅自己设计了500毫米的研磨工具，在行车的吊钩上通过弹簧吊住工具，从

---

① 潘君骅访谈，2015年3月19日，苏州。资料存于采集工程数据库。

镜子底下进给（因为上小下大），研磨时人可以随时撒手，很轻松、安全。检测人员陈玉琴等随时配合检查，很快就解决了问题。

其次是装配厂房问题。2.16米天文望远镜要在厂内先装一次，这是早就定下的，也是必需的。原定新建装216的厂房，要求能打开天窗做观测。为了厂房可以兼容以后更大的望远镜，厂房的基建工作拖延了不少时间。关键时刻，中国科学院表示经费紧张，基建暂停。左厂长要潘君骅写报告，表明216非要建厂房不可，否则工程不能进行下去，可潘君骅认为可以考虑在"四大件"车间里装调。这样，意见相左也造成了他和左厂长的矛盾，为此，他在工作笔记里还写了一首打油诗：担了风险、顺利出厂、得罪老左、丢了厂长——不后悔[①]。既然潘君骅提出可以在"四大件"车间里装，那么下面的具体问题潘君骅都要自己解决。

首先是没有天窗，如何观测？讨论过掀掉几块屋顶板的办法，但如何防雨是难题。潘君骅想了好久，发现在厂房的高处有一排玻璃窗，只要拿掉几块玻璃就可以看天，且窗格子不影响观测。他通过查看厂房图纸、测量数据，选择了安装位置，计算了届时能较好观测到的天区，并查星表确认有足够亮的恒星在那里。北京天文台方面派出黄永伟为组长的验收组到南京厂内参加验收。而在此之前，潘君骅已组织人员厂内安装调试。

其次是调主镜光轴。潘君骅爬到大车间的行车上寻找到主镜球心附近一个可以安放小仪器的位置，为的是检验主镜光轴是否和镜筒平行。为此，潘君骅的头碰破了，起了一个包。

最后是找光学系统的焦点。这和副镜的位置有关，有可能差得很多。在没有调好以前，根本不知道焦点在何处（轴向），这时要对准一颗星星，让望远镜跟着，人眼在视场里左右、上下寻找，只要光束闪过眼瞳，就要立刻盯住它，再慢慢调副镜到位置，使焦点移到设计的位置附近。这项本领是搞光学检测的人必备的，潘君骅也是在过去积累的经验，现在这些经验在216调试上都充分发挥了作用。

---

① 潘君骅：1989年去兴隆山调试工作笔记。资料存于采集工程数据库。

为了在大车间测试216望远镜定位精度，要在车间顶部安装一些小的平行光管。马品仲把小平行光管都架好了，忽然说找不到十字分划板的像，无法再做下去。当着左厂长的面，马品仲正式表示要放弃这项工作。不得已，潘君骅又只得自己接下去。其实望远镜焦点已经找到，再找分划板像并不难。

找到星，看成像质量，拍照是最要紧的工作。所幸，216机械件的加工精度都比较好，机械装配工作做得不错，副镜调焦机构也很好，调焦时星像没有晃动。所以光轴调好后，星像就很圆。当时主镜是化学镀的银，过几天反射率就很低，所以要找亮星才能拍照。潘君骅早就计算好当时（月、日、时刻）在天窗开口的两小时观测区内有较亮的三等星——天鸽座 δ，所以很顺利地拍下照片。

这些细致的前期准备工作确保了厂内验收工作的一次通过，北京天文台验收组同意出厂。1988年，2.16米天文望远镜在南京天文仪器厂调试完毕，出厂运往北京天文台兴隆站前，南京天文仪器厂特意组织为参与216研制的主要技术骨干拍照留念（图6-3）。

图6-3 1988年，2.16米天文望远镜出厂前工作人员合影（前排左四为潘君骅）

第六章 殚精毕力 主持216工程

1989年，潘君骅去北京兴隆观测站装调2.16米天文望远镜，装调过程中有三件事印象最深。

第一件是18点浮动支承。照理，如果杠杆调试正确的话，每个独立的平衡锤都应一起浮动。而开始不是这样，有的平衡锤明显是被卡住的，花了很大工夫才调好。

第二件是极轴初步对准北极。由于机械安装的精度有限，需要靠光学方法观察北极星。但是用望远镜跟踪观察北极，要花几小时才能发现误差，时间上等不起。于是潘君骅想了一个办法，找到一个磁性千分表架（有90°V形槽）架上一个小望远镜，目视北极星（北极星和真北极还有点差，要计算在内），在极轴的南端有一段轴体是暴露的，正好可以将磁性千分表架的90°V形槽卡上，沿轴体圆周推动表架就等于转动大望远镜，从而发现极轴指向误差。这项工作是夏立新帮潘君骅一起完成的。

第三件是一个小波折。在山上装好一切机械件后，接下来开始调光学，谁知对星一看，有轴上彗差存在。想尽一切办法也无法解决。这时和法国人的国际联测马上要开始了，幸亏是做光度观测，对成像质量要求不高，北京天文台决定暂时停止调试，等观测以后再调。后来负责机械装配

图6-4 1989年，2.16米天文望远镜运送到北京天文台兴隆站后工作人员合影（前排左三为潘君骅）

的人员发现是一根上桁架脚的垫片（有楔角）装反了，好在发现问题后很快就调好了。

1989年11月13日，2.16米天文望远镜在北京兴隆站举行落成典礼，周光召主持庆典，国务委员、国家科委主任宋健，国务院副秘书长刘中德、张劲夫、郁文等到会祝贺。

1989年12月4日，装上法国方面带来的光谱仪后，北京天文台第一次用2.16米天文望远镜进行国际联合观测工作。12月6日夜正式进行观测，首先观测了中方提出的仙后座 ν 星的 Hα 发射谱2个多小时，获得60余条短标高信噪比光谱。同时试观测了法方提出的7.1等御夫座AB星的红区光谱，得到了每元每小时250ADU的计数率。相比之下，在法国用同样仪器对同样的天体在上普罗旺斯天文台的1.93米天文望远镜上只获得每元每小时90ADU的计数率。虽然存在天气条件的差异，但仍能说明2.16米天文望远镜的光学系统是很好的。此次14国国际联测的发起人、法国默冬天文台的天文学家C.卡塔拉博士说：

图6-5　1989年落成典礼时的2.16米天文望远镜

> 尽管时间如此紧迫，天仪厂、自动化所和北台的人员夜以继日十分努力地工作，终于在联测开始前几天使望远镜投入正式运转，我对他们的熟练和高效能导致了这一了不起的成就而获得深刻的印象！[①]

2.16米天文望远镜投入运行后，观测工作在时间上一直排得很紧，它对国内天文界的重要性由此可见一斑。

---

① HX09-1, 2.16米光学天文望远镜设计任务书及报告文件资料。存于南京天仪公司档案室。

研制折轴阶梯光栅分光仪

2.16米天文望远镜主要是为观测研究天体的物理特征而设计研制的中、小视场望远镜。要想对这些天体开展真正深入的物理、化学研究，就必须为望远镜配备足够强有力的高光谱分辨率摄谱仪，这台仪器必须能对亮于10等的各类点源天体进行信噪比大于100的中（$R=\lambda/\Delta\lambda=10^4$）、高（$R \geqslant 10^5$）色散的数字化光谱分析。这样就可以为解决恒星演化中尚存的许多疑难问题提供关键性依据，中国在现代恒星物理研究方面就能跨入国际先进行列，也有利于推动中国天文学由经典范围向近代天文物理学方向的转变[①]。

高色散高信噪比光谱是当代天体物理的重要前沿研究领域之一，中国科学院在综合了天文界的需求后，决定为北京天文台2.16米天文望远镜配备一台高色散光谱仪。

从平面光栅到阶梯光栅

研制2.16米天文望远镜折轴焦点分光仪的任务，最早是1976年由中国科学院通过吉林省科技局下达给光机所的。当时提出的任务包括四台不同的仪器，分别是折轴平面衍射光栅摄谱仪、卡塞格林摄谱仪、折轴阶梯光栅摄谱仪和傅立叶转换分光仪。光机所接到任务后马上组织力量进行折轴平面衍射光栅摄谱仪的光学系统设计及仪器总体方案设计。1977年7月16日，在江苏饭店会议上成立了光谱仪组，来自北京天文台的黄磷主张采用平面光栅摄谱仪，同时会上确定把重点集中于研制折轴平面光栅摄谱仪。虽然此后进入了仪器的技术设计阶段并画出了大部分零件图，但由于平面光栅摄谱仪研制经费过大（当时估价为300万元）以及新型CCD接

---

① HX06-1，2.16米天文望远镜折轴阶梯光栅分光仪文件资料。存于南京天仪公司档案室。

收器的迅速普遍使用，北京天文台和南京天仪厂都认为继续按平面光栅摄谱仪进行下去很不合理。尽管当时的图纸已全部出来可以投产加工，且这一方案需要的大球面镜微晶玻璃毛坯（1.5 米、0.9 米及再小一些的）也已到货，但工程最终还是暂停了下来。

1980 年 3 月，根据北京天文台蒋世仰的建议，中国科学院同意由光机所潘君骅等 2 人、北京天文台蒋世仰和胡焕彬 2 人及南京天仪厂卢保罗等 2 人及中科院外事局三处 1 人共 7 人组团去澳大利亚几个天文台和大学考察天文分光仪的情况。座谈时，澳大利亚研究人员强烈建议考察团不要再做平面光栅摄谱仪，并陈述了充分理由。回国后，代表团在考察报告中明确提出折轴焦点平面衍射光栅摄谱仪在国际上属于逐渐淘汰之列，中国研制这种仪器应重新考虑，并向有关方面正式提出折轴摄谱仪的修改方案。潘君骅认为这是此次访问最大的收获[①]。

图 6-6　1980 年，潘君骅在澳大利亚 Siding Spring Anglo-Australia 天文台 3.9 米天文望远镜圆顶前留影

1981 年 3 月，中国科学院函复长春光机所，将 216 工程分光仪光学系统和机械系统的任务转给南京天文仪器厂承担[②]。1981 年 12 月，中国科学院致函北京天文台和南京天文仪器厂，明确以折轴摄谱仪作为 216 望远镜所需四套不同类型分光仪的第一期工程。

经过一段时间的通信讨论，折轴阶梯光栅方案日趋成熟，经费预算也从平面光栅摄谱仪的 300 万元降到五六十万元。一番波折后，天文仪器设计专家基本达成一致，同意采用折轴阶梯光栅摄谱仪方案。中国科学院数

[①] 1980 年澳大利亚天文仪器考察汇报。资料存于采集工程数据库。
[②] HX06-1, 2.16 米天文望远镜折轴阶梯光栅分光仪文件资料。存于南京天仪公司档案室。

理化局和天文处也同意以阶梯光栅代替平面光栅,但不另外下文。到此,216折轴焦点高效阶梯光栅摄谱仪草案基本形成。

后续的研制工作仍几经起落,比如由于中国科学院管理体制的变动,分光仪的经费迟迟未能落实,导致项目承担方无法投产,相关技术人员进退两难等[①]。好在最后经费问题得到解决,研制工作也得以继续。

成为2.16米天文望远镜的亮点

在1988年最终完成的"2.16米天文望远镜折轴摄谱仪设计任务书"中,提出了该摄谱仪的主要技术指标为:

光谱范围：3300—11000Å

光谱分辨率：4*（10^5—10^4）（S/N>100）

R=10^4时,能同时记录整个波段

R≥4*10^5时,一次至少能记录10Å的光谱范围鬼线总强度<0.5%[②]

分光仪的总体方案是以仪器使用方北京天文台为主提出的。方案的基本思想是用两块刻线数不同的阶梯光栅分两个波段同时实现3300—11000Å全波段的观测,分界波长在5600Å附近。每个波段各有三种焦距的照相机,以获得高、中、低三档线色散光谱,其中短波区间（蓝区）的光栅刻线为79线/毫米,用第39级到第68级；长波区间（红区）的光栅刻线为31.6线/毫米,用第51级到第100级。光栅刻线面积为128*254平方毫米。

1989年12月15—16日,北京天文台召开了"2.16米天文望远镜折轴阶梯光栅摄谱仪结构方案审定会"。会上通过了潘君骅的设计方案,并开始进行加工。

高分辨率阶梯光栅分光仪在中国是首次研制,国际上也不多,可以借

---

① HX06-1,2.16米天文望远镜折轴阶梯光栅分光仪文件资料。存于南京天仪公司档案室。
② 同①。

鉴的资料很少。研制过程中的主要困难在于特殊的光学加工、玻璃材料以及仪器的装调。

离轴抛物镜的加工要靠手工修磨，难度很大。其中，该仪器中的两块准直镜都是经过返修后才通过的，长焦距物镜有一块是无法返修而重做的。棱镜玻璃材料的获取也很艰难，国内外玻璃厂的普通供货厚度达不到尺寸要求，而专门订货熔制则价格无力承受，最后不得已采用棱镜胶合的办法。但胶合也存在问题，即容易引起变形，当时最后一块棱镜就发现了这个问题，不得不返修。分光仪研制过程中，潘君骅记忆犹新的有一件事：

> 在加工横向色散大棱镜过程中，短波段用的横向色散棱镜材料是从德国定的UBK7，最初是长光所加工的。但在调试时发现表面加工质量不好，蒋世仰先在北京找人修，没修好，打电话跟我商量。这时已比较紧急，我决定拿到南京来修，由北京天文台的门力女士乘飞机专程送来。我告知厂长周必方，他居然不同意。我只能不理会周的意见，继续原来计划。棱镜拿到之后，本想请光学车间的高级技师曾金珠做，但不知何故她不愿意，结果我不得不自己动手，由朱永田帮助，在大楼的实验室里自己搭光路，靠自制的一个350毫米口径的平行光管完成了棱镜的修复。①

潘君骅如果不这样做，而是按程序重新买玻璃、重新加工棱镜，则不仅时间要拖很长，而且质量还不一定有保证。

此外，分光仪的装调也面临挑战。阶梯光栅分光仪是2.16米天文望远镜的配套仪器，从光路上看，它和望远镜是一台整体仪器，因此，首先要将望远镜的折轴光轴与分光仪的光轴联通起来，然后经狭缝通过分色镜射到准直镜上，按设计的6°离轴角将准直光束反射到阶梯光栅。这种复杂的空间分布光路，国内过去没有这方面的经验可以借鉴，完全靠自己

---

① 潘君骅访谈，2015年3月19日，苏州。资料存于采集工程数据库。

摸索。

从 1988 年正式下达任务书算起，阶梯光栅光谱仪的研制经过了长达 7 年的探索过程。1994 年年底开始试用，又经过调试改进，到 1995 年 7 月才算完全合格。它是 2.16 米天文望远镜的主要附属仪器，也是 2.16 米天文望远镜的一大特色和亮点。

折轴分光仪结构非常紧凑，光路呈空间分布，多有折转，光学装调难度大。该仪器工作的波段范围是 330—1100 纳米，通过在狭缝后放置分色滤光片将整个波段分成红区和蓝区，一次观测可同时接收到全段光谱，由两套独立的阶梯分光仪器组成，是一台非常高效的光栅分光仪。

折轴阶梯光栅摄谱仪利用大定向角、高级次光谱的高色散特性和高光效特性的组合，加上二维宽波段特性，成为近代天体物理研究的极重要工具，不仅适用于大型望远镜，也是近代大型光学望远镜的必备重要附属仪器。对于安装在优良台址的精心设计的口径 2 米左右的光学望远镜折轴焦点的阶梯光栅摄谱仪，在光谱分辨率高达 30000 的情况下，一小时积分可拍下 3300—11000Å 的整个可见及近红外光谱区，对暗到 12.5 等的天体也可达到 100 以上的信噪比，实际可用极限星等可达 15 等；当把望远镜口径加大到 10 米时，延长露光时间可使极限星等达到 20 等，因而对于了解大宇宙的物质成分和特性是极重要的帮手。

成果鉴定及应用

216 折轴阶梯光栅摄谱仪于 1994 年 4 月安装完毕，11 月正式投入使用。早期工作中的主要问题为平场拍不好，因而限制了所拍得光谱的用途。改进后，自 1995 年 7 月之后可处理出十分漂亮的光谱描迹图。目前已能熟练处理获得的光谱，也就是说，天文学家用 216 折轴阶梯光栅摄谱仪可正式对 V 星等亮于 10 的恒星在 360—700 纳米进行光谱分辨率为 30000—45000 的光谱研究。

德国鲁尔大学的莱因哈特（Reinhard Hanuschik）博士使用阶梯光栅分光仪对 Be 星发射线进行了高信噪比光谱测量，认为"仪器的状态很稳定，这是一台能够进行工作的精密仪器，如果对少部分技术环节进行改进，它将是十分快速和有效的。"[①]

成果鉴定

1995 年 6 月，北京天文台组织专家对这台折轴阶梯光栅摄谱仪进行验收并顺利通过。而后，仪器全部移交北京天文台，经多次试观测取得了一定的天文观测结果。这台折轴阶梯光栅摄谱仪是中国自行设计制造的为 216 望远镜折轴焦点配置的一台分光仪器，到目前为止，在国内尚未见到同类型产品，属国内首创[②]。

1996 年 3 月，中国科学院成立了以王绶琯为主任的鉴定委员会，对 216 望远镜的折轴阶梯光栅摄谱仪进行成果鉴定。鉴定结论如下：

> 研制组经过详尽的调研，确定采用先进的阶梯光栅摄谱仪的方案，经过多年努力，按照设计任务书的要求克服了研制难度大的困难，以高性能价格比完成了这一大型、复杂、综合了光、机、电控技术的高色散光谱仪的研制。该仪器的主要性能指标，包括光谱覆盖、光谱分辨率、光学质量、光效率、散射光等均达到设计任务书的要求，与国际同类仪器先进水平相当。该仪器操作方便，并考虑了维护的需要。八个月的使用结果反映了该仪器的稳定和可靠。有待解决的个别问题是局部的。仪器平场应按已有方案改进，星象切割器、曝光计应尽早安装使用。
>
> 该仪器是我国首次研制的一台利用阶梯光栅大定向角、高级次，结合高色散和高光效的大型天文光谱仪，设计方案先进，技术路线合理，性能指标达到原定要求，并达到国际同类仪器的先进水平。

---

① HX06-1，2.16 米天文望远镜折轴阶梯光栅分光仪文件资料。存于南京天仪公司档案室。
② 同①。

该仪器的成功研制，为2.16米天文望远镜配备了优良的高色散光谱仪器，为我国天文界开展高色散光谱研究提供了有力的观测手段。同时为我国今后的大望远镜，如LAMOST配备高色散光谱仪打下良好的基础。

鉴定委员会主任：王绶琯
副主任：杨世杰、刘学富
1996年3月2日 [①]

1996年12月，中国科学院在北京天文台兴隆观测站对南京天文仪器研制中心、北京天文台、自动化研究所联合研制的2.16米光学天文望远镜进行鉴定。鉴定委员会一致认为：

  2.16米光学天文望远镜是我国自行设计研制的，是国内口径最大、而且是远东口径最大的光学望远镜，它集中了光学、机械、电控和自动化多种先进技术于一体，配备了现代化的焦面仪器，成为我国天文学和天体物理学研究的最主要的观测设备，已经取得了丰硕的天体物理研究成果，这是一台二米级的达到国际先进水平的光学望远镜。该望远镜首创使用中继镜作折轴系统转换，该光学创新设计已被国际上大型光学望远镜所采用；该望远镜光学系统中象场改正器的设计达到了国际领先水平，望远镜在整个视场上的星像均匀一致、圆度优良。

  2.16米光学望远镜是重量大、精度高、结构复杂的系统，研制单位从无到有、反复论证、精心设计，千方百计地利用我国最好的机械加工工艺进行精益求精的加工，全部达到并部分超出设计任务书要求的各项技术指标。

  电控和自动控制系统是2.16米光学天文望远镜的重要组成部分，在国内率先研制成功用于光学天文望远镜的计算机控制系统，及时

[①] HX06-1，2.16米天文望远镜折轴阶梯光栅分光仪文件资料。存于南京天仪公司档案室。

积极地采用了数字锁相等先进技术，全部达到并部分超出设计任务书要求的指标要求，提高了观测效率与自动化水平，保证了运行安全可靠。

通过2.16米的研制成功，除了为在天体物理研究上进入国际先进行列创造了有利的实测手段，同时锻炼和培养了一批研制大型天文望远镜的人才和储备了技术力量，为我国研制更大型天文望远镜打下了很好的基础，某些技术还产生了一定的经济效益。

鉴定委员会主任：王大珩
1996年12月17日 [1]

在216工程的鉴定中，专家组几乎没有任何争议，不管是对参与研制单位的排名、专家排名还是对项目的鉴定结论。

鉴定委员会主任王大珩是最初倡议研制2.16米天文望远镜的科学家之一，亲眼看到夙愿变成现实，他分外激动，在接受记者采访时称："正如南京长江大桥作为建桥丰碑一样，2.16米天文望远镜是中国天文学界的一座丰碑。"[2]

"2.16米光学天文望远镜"项目最后获1997年中国科学院科技进步奖一等奖和1998年国家科技进步奖一等奖，"折轴阶梯光栅分光仪"获1998年中国科学院科技进步奖二等奖和1999年国家科技进步奖三等奖。

大奖的背后是潘君骅十几年的艰辛和汗水，如果从1974年3月中国科学院正式

图6-7　1989年，潘君骅在2.16米天文望远镜落成典礼上与王大珩合影（左为王大珩，右为潘君骅）

---

① 1997年潘君骅申报中国工程院院士材料。存于采集工程数据库。
② 施锦昌：中国现代化天文学的丰碑。《新华日报》，1996年12月18日。

图 6-8 2.16 米天文望远镜和折轴阶梯光栅分光仪的获奖证书

下文第二次启动开始算起到 1989 年开始试观测，研制 2.16 米天文望远镜花了 15 年时间[①]。216 工程值得总结的经验教训太多。首先，这个工程的最初提出缺乏科学论证，没有考虑当时的人员经验、实际技术条件、国家整体工业技术水平等因素。那时连 0.5 米的镜子都没有做过，就贸然提出研制 2.16 米天文望远镜，可以说这是激进年代拍脑袋就提出的主意。其次，216 工程从最初的提出到项目正式启动实施经历了频繁的政治运动，研制工作时断时续，能坚持下来实属不易。这台望远镜需要加工的零部件多达五六千种，总重 100 吨，仅镜面的磨制就花了 3 年时间。最后，对于 216 这样大的技术工程，由于缺乏科学的管理机制，项目负责人的整体协调变成了消防员的工作，哪里发生问题救哪里。这对项目组长的工作组织能力、技术能力和协调能力都产生了极大的考验，把诸多工作压力集于一人之身，这种工作模式不具有持续性和可复制性。

总的来说，计划经济时代也有它的优势，在环境允许的情况下，要想

---

① 如果从 1958 年项目提出到试观测开始，则前后经历了 31 年。

研究新事物，经费、人员都不是问题，只需要有好的想法。回顾自己从事216望远镜研制的这段经历，潘君骅感慨地说："我遇到的都是技术上的困难，有时走了很多冤枉路。很多情况下必须亲自动手，于是做事的效率必然低。"[1] 其实，不只是技术困难，有些人为因素造成的困难比技术困难更麻烦且持续的时间更久。即使在216项目完成之后，各种技术争议和非技术争议还时有发生[2]。

2.16米天文望远镜的使用

2.16米天文望远镜自1989年安装以来，已在活动星系核、类星体、超新星和特殊变星等天体物理前沿课题方面取得了丰硕的成果，引起了国际上的重视和关注，使兴隆站成为国内天体物理实测和进行国际联测的主要基地。

基于2.16米天文望远镜获得的高分辨率光谱数据，具有典型代表性的研究成果主要有如下三项。

国家天文台赵刚团队完成"通过恒星丰度探索银河系化学演化的研究"系统研究工作，截至2013年，共发表SCI论文103篇，被SCI论文他引947篇次。该项目通过银河系恒星的高分辨率、高信噪比光谱观测，系统地给出了大样本高精度的银河系三个不同星族矮星的化学元素丰度，深入描绘了银河系不同星族的整体演化图像；发现三类性质异常的恒星，这些新发现对传统的星系化学演化理论框架提出了挑战。由于天体物理学的重要发现几乎都是来源于高精度的观测数据，中国科学家的分析精度（0.04dex）超过了国际同类研究（0.10dex），因而成为构建超新星和银河系化学演化理论模型的重要依据。该项目的研究成果促进了恒星物理和星系化学演化领域的发展，曾先后被国际天文界最具权威的《天文与天体物理年评》（每年仅发表一期约十几篇综述）的10篇综述22篇次引用。

---

[1] 潘君骅访谈，2015年3月19日，苏州。资料存于采集工程数据库。
[2] 潘君骅致南京天仪中心党委的信，1992年3月24日。存地同[1]。

2004年，中国科学院国家天文台与日本国立天文台合作，先是启动搜寻有行星系统恒星项目。双方天文学家利用探测主星视向速度变化的方法，在400颗中等质量的红巨星周围搜寻系外行星系统。双方利用国家天文台兴隆观测站2.16米光学望远镜和冈山天体物理观测所1.88米光学望远镜对HD173416进行多次跟踪观测。最终确认HD173416周围存在行星候选体。经分析确定，该褐矮星围绕一颗质量为2.0个太阳质量的HD173416以324天为周期绕转，距离主星的短半轴为1.16AU（1AU $= 1.496 \times 10^8$ 千米）。这是该合作项目探测到的第一颗行星候选体。该发现对于理解行星演化理论、验证中等质量恒星的原恒星盘的稳定性时标非常重要。[1]

2008年，中日天文学家在中等质量的HD173416红巨星周围发现质量为2.7个木星质量的太阳系外行星。这是中国天文学家利用中国2.16米望远镜折轴高分辨率光谱仪及日本冈山天文台1.88米望远镜发现的第一颗太阳系外行星。截至目前，在这类中等质量的巨星周围只探测到二十几颗系外行星候选体。HD173416b太阳系外行星的发现，标志着中国已经具备了独立利用视向速度方法发现系外行星的观测能力。[2]

凡此种种，利用2.16米天文望远镜取得的科学研究成果不胜枚举。

---

[1] 中国科学院国家天文台. 中日天文学家联合发现一颗太阳系外行星[EB/OL]. 2009-07-01. http://www.bao.ac.cn/xwzx/kydt/200907/t20090701_1884157.html.

[2] 同[1]。

第七章
重回故土　调至南京天仪厂

南京天文仪器厂（简称南京天仪厂）成立于1958年，是专为各天文研究单位、国防建设部门和其他有关单位提供天文仪器的专业科研工厂[①]。成立之后，几经易名，虽然一直属于中国科学院，但地方归属单位多有变化。最初，天仪厂归口中国科学院江苏分院；1962年改为隶属中国科学院紫金山天文台；1966年，216办公室与天仪厂合并，天仪厂又改为归口江苏省科委，后又一度改为归口南京市仪表局。1979年之后，一直归属于中国科学院南京分院[②]。南京天文仪器厂在20世纪90年代初改名为"南京天文仪器研制中心"。2000年又分为"中国科学院南京天文仪器股份有限公司"（简称南京天仪公司）和"国家天文台南京天文光学技术研究所"（简称南京天光所）两个独立单位。前者为中国科学院控股公司；后者的定位是研究开发天文专业需要的仪器设备及相关技术，受北京国家天文台领导。

1963年，中国科学院调整学科任务，对天文仪器方面的工作更加重视，人员和经费的投入力度也逐步加大，长春光机所、西安光机所都派出

[①] 唐廷友：我国天文仪器的研制基地——南京天文仪器厂简介．《中国科学院院刊》，1988年第2期，第160-162页。

[②] 王杨宗：《中国科学院院属单位简史》第1卷上．北京：科学出版社，2010年，第360-371页。

技术人员援建南京天仪厂。

南京天仪厂成立的时候，从长春光机所去了一些人，从西安光机所也去了一些人，还有南京当地的一些人，包括紫金山天文台仪器组等，主要是这三拨人。从长春光机所到南京天仪厂的大部分人员都是搞216任务的人，以机械研究所合并到长春光机所的人为主，如陈翌、张唯一、朱其潮等。①

从1979年开始，潘君骅兼任南京天仪厂的副总工程师②，一直努力从长春调出。1980年5月，潘君骅终于办好手续，正式调往南京天仪厂任研究员，主持2.16米天文望远镜及折轴分光仪的研制工作。

去南京，潘君骅是有思想准备的，要多做事、少考虑好处，准备"吃亏"。1983年，潘君骅担任南京天仪厂副厂长，任职期间有人评价说：潘君骅"有权不会用"，这话说得很到位。不过潘君骅丝毫不后悔，人各有志，应该发挥各人长处，对国家最有利。1986年天仪中心换届，潘君骅不再担任行政职务。

潘君骅在南京天仪厂一直工作到2000年（1993年退休）。除了主持2.16米天文望远镜的工作，还做了许多其他科研工作，如北京508所红外平行光管（第一次采用Yolo系统）、508所资源1号光学系统、总参二部侦察车镜头、921相机非球面光学系统和中国科学技术大学的轮胎面加工等。

研制大口径平行光管

检验光学系统时，若短焦距，则可用长走廊来获得近似平行光。但

---

① 潘君骅访谈，2015年5月15日，苏州。资料存于采集工程数据库。
② 请潘君骅同志兼任南京天仪厂副总工程师事。存于中国科学院档案馆。

是光学系统口径大、焦距长时，长走廊则不行，需要建立平行光管来模拟平行光。平行光管是用来提供无穷远处的目标，检验光学系统对无穷远的成像，这是光学检验的基本设备。很多望远镜的物距都是无穷远，无穷远的目标只能通过平行光管来实现。此外，做非球面也需要平行光管。

平行光入射到抛物面，通过反射汇聚到一个焦点。反过来，如果在抛物面焦点处放一个点光源，通过抛物面反射之后就会产生一束质量很好的平行光。这是平行光管的工作原理。

透射的平行光管国内早就有了，但是焦距长的平行光管不能用透射的方法来做。在国内，潘君骅是最早做大口径平行光管的。最初，潘君骅在实验室里做平行光管自用，如1963年为了检验150系统，潘君骅做了700毫米口径的平行光管。当时王大珩本想利用五角棱镜模拟平行光，潘君骅则认为这虽然原理正确但并不实用，用起来很烦琐，建议做大的平行光管来满足150任务光学系统的检验。潘君骅的建议被采用，而当年做的700毫米口径平行光管直到2005年长春光机所都还在使用。

潘老师在20世纪90年代提出离轴抛物面反射镜单镜加工，这个工作后来还申请了国家发明专利，得过苏州技术发明一等奖。我们通过这项工作，为国内很多科研院所做平行光管。离轴平行光管的优点是中间没有遮拦，一块口径500毫米的抛面镜需要做口径1.5米以上的母抛物镜进行套切。但一块1.5米的抛物面镜材料价格非常高，磨一块1.5米和单独磨一块500毫米口径非球面镜的难度和工作时间完全不一样。而采用离轴抛物面反射镜单镜技术，我们只要直接磨一块500毫米离轴抛物面反射镜即可。我们给8358所、535所、530所、41所、5院3所、西安光机所等好多单位都做过平行光管。[1]

离轴抛物面是为了做平行光管，单件制造离轴抛物面镜的技术是

---

[1] 胡建军访谈，2014年10月16日，苏州。资料存于采集工程数据库。

应昆明物理所的要求而开发的，经过无锡张青专公司的一段时间改进，不经意间成为一个特色。潘君骅团队已为国内做了很多不同口径的平行光管，如1996年为中国科学院西安光机所研制的2米焦距平行光管[①]、1997年为中国科学院光电技术研究所进行的离轴抛物镜系统光学加工[②]。

此外，潘君骅还和学生钱煜一起研究了离轴抛物面平行光管调校方法，他们发现用常规的平面镜自准直法或五角棱镜法调校有一些缺陷，但用同轴平行光管方法调校则可以克服这些问题。

> 离轴抛物面焦点难确定，主要在于轴外像差比较严重，稍微偏一点点，轴外像差影响就很大。我们得想办法调到轴上那一点，主要调焦点位置准确。调校过程中，潘先生发现同轴平行光管的调校方法比较好，很方便，可以很准确地找到焦点位置。这是在反复实验过程中慢慢发现的一种经验方法。[③]

在做平行光管的同时，潘君骅在设计理论上也有不少收获，如Yolo系统的设计理论、三镜系统的求解方程等。Yolo系统是J. M. Sasian在 *Sky and Telescope* 杂志上发表的一篇文章中提出的，他用Yolo系统自己做望远镜。Yolo系统有一个好处，那就是平行光中间没有遮拦。潘君骅看到这篇文章，觉得Yolo系统很好，符合自己的预期，但原始文献中并没有给出计算方法。于是，潘君骅就反复思考怎么计算、怎么推导、怎么设计[④]，并最终推导出了计算方法。后来，他用这个方案顺利做成平行光管，也发表了一篇文章，在此文中Yolo系统被称为"偏轴两镜系统"[⑤]。

---

① 1996年研制2米焦距平行光管的技术协议。存于采集工程数据库。
② 1997年潘君骅与中国科学院光电所签订的离轴抛物镜系统光学加工协议。存地同①。
③ 钱煜访谈，2014年10月16日，苏州。存地同①。
④ 潘君骅：偏轴两镜系统消象差条件推导等研究。存地同①。
⑤ 潘君骅，李新南：偏轴两镜系统的设计。《光学学报》，1994年第8期，第867–871页。

参与研制资源 1 号卫星

1988 年，航空航天部 508 所根据中国和巴西政府的协议，研制中巴地球资源 1 号卫星，委托潘君骅研制加工两套反射镜（R-C 系统）用作资源 1 号卫星多光谱扫描仪的主光学系统。每套 R-C 光学系统由两块高精度非球面反射镜、一块前置平面反射镜组成。

508 所还提出空间预警光学系统的要求——大视场，还要大相对口径。当初潘君骅想到的只有 Schmidt 系统，但不能满足要求。有文献报道用三镜系统，但没有设计方法。当时国内还没有用过三镜系统，于是潘君骅在过去二镜系统的基础上推导了三镜系统的公式。推导过程比较复杂，中间出了一个小错，卡了好久。这时长春光机学院的毕业设计实习生来单位，潘君骅就让一个叫关小军的同学从头再推一遍，并找到错误、解决了问题。潘君骅的工作为三镜系统的研究开了头，为 508 所做了样机的光学件，后来又在全面研究工作的基础上形成了一篇文章[①]，这篇文章对后来的三镜设计很有用，也常被引用。

1995 年，潘君骅再次与 508 所合作，为资源 1 号红外多光谱扫描仪主光学系统正样进行加工和检测等工作，提供正样合格产品三套。1999 年，潘君骅为 508 所设计并加工大口径宽视场离轴三反式光学系统，用于航天预警卫星光学遥感器模样试验，按原型缩小 1/4。

与当时国内外同类遥感器相比，潘君骅参与研制的红外多光谱扫描仪主光学装置的特色是 R-C 光学系统的加工难度超过同类光学系统，但是其成像质量超过风云卫星，达到美国陆地卫星主题绘图仪（TM）光学系统的水平。

2000 年，资源 1 号红外多光谱扫描仪主光学装置获国防科学技术奖二等奖，其 R-C 光学系统是资源 1 号获得认可的重要成果之一。

---

① 潘君骅：具有三个二次曲面反射镜的光学系统研究。《光学学报》，1988 年第 8 期，第 717-721 页。

图7-1 2000年资源1号红外多光谱扫描仪主光学装置获国防科学技术奖二等奖证书

后来，潘君骅从南京天仪厂退休后到苏州大学工作，508所的相关后续研究工作就随之委托给苏州大学，如研制三套熔石英材料的口径350毫米的R-C光学系统、进行红外侦查光学系统的光学加工等。委托加工的R-C光学系统是一个主镜是双曲面，次镜也是双曲面的两反系统。

因为潘君骅对资源1号卫星光学系统的突出贡献和与508所多次合作愉快的工作经历，2004年3月8日，他受聘为航天科技集团公司五院508所高级顾问。4月，潘君骅受航天科技集团邀请，参加大型反射镜装调技术研讨会。

图7-2 潘君骅参观资源1号卫星影像图展

研制侦察车镜头

战地电视侦察设备是现代军队的主要侦查手段之一，该设备的研制成功对于加速军队装备现代化具有重要作用，中国军方非常重视这个项目。

1985年11月，南京天仪厂接受电子工业部和总参二部共同委托的"研制战地电视侦察设备望远摄像系统"项目。战场侦察设备需要3个镜头——望远镜头、夜视镜头及便携式变焦镜头。其中，甲方（总参二部）和乙方（无锡559厂）在望远镜头、夜视镜头的光学系统重量问题上意见相持不下，甲方坚持要轻，因为光学系统轻了，整个镜头才能变轻，战士在野外靠人力搬运安装，重量是一个重要衡量指标；乙方则认为20多千克已是极限，不能再降。潘君骅提出，这两个镜头的光学系统很适合用反射式的R-C系统来实现，重量可以大大下降。

在总参二部主持的会议上，潘君骅的意见受到重视，会议决定望远摄像镜头主系统采用非球面光学系统，并明确非球面系统的光学设计、零件加工由南京天仪厂承担，同时协助无锡559厂调校，对系统的像质负责。此后，南京天仪厂承担的任务均由潘君骅牵头完成，一共做了三辆战场侦察车的镜头。

侦察车共有两个镜头——夜视仪和白光镜。潘君骅在参与研制战场电视侦察车工作时，反复思考望远镜头的改进问题，他觉得以下几点必须加以考虑：

第一，为改善对比度，应加遮光罩，但在能见度不佳、远处目标目视不清楚时，遮光罩不解决问题。此时应加红色滤光片，因为空气中尘埃微粒对短波散射强。

第二，加遮光罩的另一个重要理由是减少暴露的概率。如果侦察时，太阳在前方，但没有遮光罩，镜头的保护平板玻璃可以在很大一个角度范围内接受太阳光并向很大一个角度范围反射，反射出去也正好是敌方区域，所以暴露的概率很大。加遮光板后，可以大大缩小这个范围。

第三，降低望远镜头重量的可能性是有的，途径是缩短主镜焦距，从而缩短镜筒。初步估计可以将镜筒缩短到300毫米左右，重量估计降至22—23千克。

第四，望远镜与搜索镜中心重合的问题不难解决，在结构设计上只要使主镜筒密封之后再调中心重合。

第五，建议搜索镜加调焦措施，使切换时焦面一致。①

在此基础上，潘君骅提出电视物镜改进意见，并画出非球面镜头主镜设计图两份。

1992年9月23—27日，在南京55所召开产品验收会议，讨论包括野外试验情况、会议审查结论和遗留问题等。此次会议表明，在几个单位的合作下，中国已成功研制了BAD-901型战场电视侦察设备，并生产了少量产品装备部队，这是中国战场电视侦察设备研究的开端。

图7-3 战场电视侦察设备望远摄像机

与国外新产品相比，中国的战场电视侦察系统存在一定差距，如微光与白光各用一组镜头，笨重、使用不便；图像对比度较差；夜视能力较弱；激光与电视、长焦与短焦同轴性差等。这些不足之处促使相关科研部门开始研制新一代数字化战场电视侦察系统。数字化战场电视侦察系统是军队实施高度集中指挥下进行联合或独立侦察和监视的多功能、数字化、智能化的情报信息系统，可全面提高对战场侦察目标的发现和识别能力。白天，它利用先进的光电技术和高分辨率的CCD摄像机提高望远镜头的解

---

① 潘君骅：侦察车后期工作笔记。存于采集工程数据库。

像度；夜间，采用第三代图像增强器的微光微摄像机来提高对目标的观察和获取。

1998年6月，根据电子部54所测量部提出的具体指标要求，研制第二代数字化战场电视侦察系统摄像分系统项目启动。侦察车换代计算由石家庄54所抓总体，并提供数字化战场电视侦察系统电视摄像分系统初步技术实施方案论证报告及第二代战场侦察系统光学系统方案设计、结构参数及像质等；南京55所和南京天仪厂协助，其中潘君骅代表南京天仪厂完成光学系统的研制。

侦察车原来有两套系统，一套白天用，另一套晚上用，后来将两套系统合成一套系统，称之为"望远、微光二合一侦察望远镜"。它由主镜筒、望远摄像机、微光摄像机、搜索镜4个部分组成，主镜筒和搜索镜为固定部分，望远摄像机和微光摄像机为互换件，白天用望远摄像机，晚上用微光摄像机。这样的第二代侦察车做了几台。1999年，潘君骅专门到厦门泉州郊外做侦察车野外观察试验（图7-4）。

图7-4　1999年，潘君骅在厦门做侦察车研制试验

参与 921 相机项目

921 相机项目启动于 1993 年,当时对于该项目是否采用非球面光学系统曾引起很大争议。在长春召开 921-2 详查相机方案论证评审会时,国防科工委神州系列总工程师王永志等 42 人参加了会议,会上争论很激烈,西安光机所和潘君骅建议用非球面光学系统,长春光机所则建议用球面光学系统,两方观点相持不下。潘君骅提出用非球面的理由很简单、很充分:因为非球面重量轻,上天的仪器设备重量是个大问题,怎样减轻光学系统的重量很关键。当时大家公认非球面思路是好的,但是加工难度太大。王大珩非常支持潘君骅,最后讨论的结果也是 921 项目用非球面光学系统。后来的事实也证明这一结论是正确的。这成为中国在重要领域使用非球面的转折点,此后长春光机所也开始做非球面。

1994 年 2 月,潘君骅开始进行 921 非球面详查相机的光学计算。当时已有 PC 计算机,但潘君华还是按照比例亲手画图,即使是示意图,他也尽量按照比例画,以防出错并仔细核对,这是他一贯的工作风格。

1995 年 1 月,苗兴华作为甲方西安光机所的代表,告知潘君骅关于 921 相机所用的镜子采用非球面的数据,计算结果经过审定已经确定,非球面加工的问题已经确定[①]。而后,潘君骅在工作笔记中提道:"收到西安苗兴华寄来的评审会之后的数据(手抄),增加了一块透射非球面。"[②]

1995 年 7 月,中国科学院西安光学精密机械研究所和南京天文仪器研制中心 21 世纪新技术公司在南京签订合同,正式委托潘君骅负责 921-2 详查相机非球面校正透镜加工项目。合同中表明:力争 1 年时间完成,1996 年 6 月底提出出厂验收大纲交用户单位,1996 年 9 月 1 日开始进行出厂验收,1996 年 9 月 30 日包装出厂运输[③]。

[①] 苗兴华给潘君骅的信,1995 年 1 月。资料存于采集工程数据库。
[②] 潘君骅:1994-1995 年 921 相机研制工作笔记。存地同①。
[③] 921-2 详查相机非球面校正透镜加工的项目合同。存地同①。

而实际上，镜坯是从国外订购的熔石英镜坯，1996年年初才到达，在经过光学检验方案的设计、检验镜的磨制、采用干涉仪加工及调试、熔石英测长杆的制造、主副镜粗磨、细磨及抛光修改、面形的初步干涉检验等环节后，由于项目的技术指标高，加之冬季加工车间温

图 7-5　20 世纪 90 年代，潘君骅参加 921 侦察相机评审会时作报告

度条件不好，干涉检验很不稳定，直到 1997 年春季温度项目才算是完成，比原计划推迟了半年。潘君骅在项目完成后提出：车间恒温及防震条件太差，对于高精度（λ/20）光学件加工很难适应，严重影响工作进度，应加以改善。

刚开始，项目组研制出在地面上使用的原理样机，并进行各种环境实验。待到实验数据稳定后，才把样机用到真正的 921 相机上，并交由甲方拍板上天。

第八章
老骥伏枥　任职苏州大学

2000年，苏州大学通过薛鸣球院士的引荐，把退休人员潘君骅"挖"到苏州大学任职。在此期间，由潘君骅承担的一些项目，如加工离轴抛物面、平行光管和与508所的合作等，也都从南京天仪中心转到苏州大学，所以在苏州大学期间，潘君骅团队的横向课题任务一直很多。

> 2000年潘先生来的时候，苏大现代光学技术研究所刚刚成立，好多设备都没有，仪器非常少，干涉仪进了一点，也不多。我们将原来的检测方法带过来，原来的很多项目也带了过来。①

高空大气探测激光雷达的接收望远镜

2000年7月，潘君骅刚刚到苏州大学不久，武汉大学无线电科学工程

---

① 钱煜访谈，2014年10月16日，苏州。资料存于采集工程数据库。

系的一个老师就慕名而来，求助于潘君骅。武汉大学正在进行一项国家课题研究，需要做大气监测方面的工作，具体工作是用激光雷达探测大气环境，通过对暴风雨、沙尘暴的环境监测进行预报预防。课题需要探测60—100千米高空中大气分子烟雾密度、湿度、风向和水蒸气的浓度等。他们以前的激光雷达相对探测口径比较小，一般在200毫米左右，效果不是很好，希望潘君骅帮他们设计光路，做口径500毫米左右的探测镜头。

500毫米口径的探测镜头在当时国内雷达接收望远镜里算大的，但是对潘君骅来说，这样的大口径镜头不是第一次做，光路设计也不复杂。不过，承担了研制任务后，他还是亲自做光学设计，包括平面反射镜、凹抛物面镜的图纸和光路图以及镜座零件图纸等。加工和现场安装由潘君骅的学生钱煜完成。

高空大气探测激光雷达的接收望远镜的现场安装与调试是在武汉大学珞珈山的一个山顶上进行。这个工作的特色之处是用了两个非球面。之前的望远镜即使用非球面也不会有这么大，反射都要有非球面，而透射一般都不会用。离轴非球面的抛物面相对来讲，光路结构比较简单，中间没有遮拦，别的中间总会有遮拦，所以非球面的效果好一些。后来事实证明，这个接收望远镜用非球面的效果确实非常好。

远距离夜视观察系统及能动抛光盘

远距离夜视观察系统是为烟台大学光电信息科学技术学院研制的。2004年12月，烟台大学光电信息科学技术学院委托潘君骅研制一套大口径夜视设备，包含光学镜头、非致冷红外焦平面成像器件、显示器、转台及独立支架。光学系统口径400毫米，焦距400毫米。

2007年，完整的红外夜视系统运到了烟台大学，与红外热像仪对接联调并进行野外试验。

此外，为得到相对口径很大且表面平滑的非球面镜面，烟台大学希望试验一种新的能动抛光磨盘,通过试验取得经验,建立一套行之有效的新方法并以报告形式给出结果。在计算机辅助加工非球面(特别是在抛光过程中)越来越受到重视的背景下,利用成都光电所的自适应光学技术,并在凌宁的指导下研制非球面精密抛光数控自适应磨盘,是可以实现中、小型(直径 600 毫米以下)非球面精密抛光技术的智能化的。在小卫星中,未来中、小型非球面光学系统的制造会很有用,因此,建立一套高精度、高效率的中小型非球面数控抛光技术系统有其现实需求。

2005 年,潘君骅团队着手这个项目的研制工作,进行光学、机械设计并着手软件编程;设计制造专用机床、数控自适应磨盘与专用抛光机的连接及初步试验等。在以上设计与前期准备的工作基础上,再进行硬件调试及随动系统调试等;数控自适应磨盘与专用抛光机床连接,开始实际工作试验。

经过数控自适应磨盘的多次试验与逐步改进,样机最终达到预期指标,加工出合格的非球面镜面,并提交给烟台大学一部数控自适应非球面精密抛光机的样机和试验工作及实际应用的总结报告。

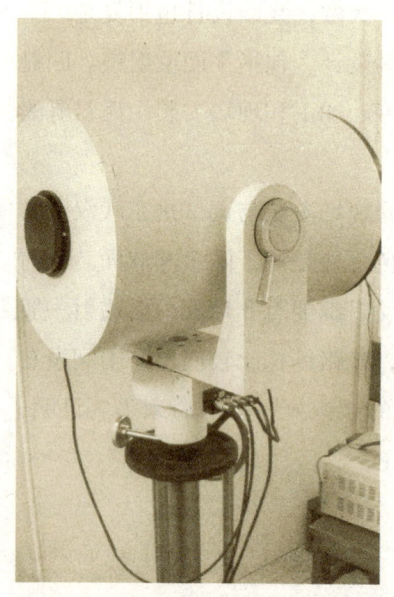

图 8-1 2006 年潘君骅研制的远距离夜视观察系统

掠射 X 射线望远镜物镜

2005 年,中国科学院空间科学与应用中心(以下简称空间中心)致力于推动空间天气学的项目,也就是观测太阳黑子和太阳风暴等太阳的各种活动。而对太阳的有效观测,一般而言必须通过掠射 X 射线望远镜来实现。该望远镜通过 X 射线不断成像监测太阳的活动情况。国外已经有类似的望远镜在天上运行，最著名的是钱德拉望远镜，它是当时天上分辨率最高的对太阳观测的望远镜。该望远镜以空间天气学这个项目的发起者钱德拉塞卡[①]来命名。

空间中心先后找到长春光学精密机械与物理研究所和西安光学精密机械研究所，希望合作研制 Wolter I 型掠射 X 射线望远镜物镜，但这两个研究所都没什么把握。空间中心又找到潘君骅，因为潘君骅是光学加工领域的专家，也是唯一的院士。潘君骅以前接触过这方面的研究，觉得可以做，但是具体能做到什么程度，也不是太有把握，不过他还是把这个项目接了下来。2005 年 12 月，空间中心正式与苏州大学签订"太阳 X 射线成像望远镜抛物面/双曲面物镜研制"技术开发项目。

大镜研制肯定会有材料问题，因为对材料应力要求一般都比较高。国外在掠射 Wolter I 型中用的是微晶材料，很多野外工作要求比较苛刻的反射镜用的都是微晶玻璃做。掠射式 X 射线入射角达到 98 点多度，正入射的 X 射线要被材料吸收，不能成像。

为了这项研究的顺利进行，潘君骅专门带领学生以如何判定材料应力的研究作为预热，因为当时市场上普遍的应力仪只是在镜面采样几个点看应力情况，而潘君骅要做的是观测材料整个口径和材料的整体应力情况。

当初长春光机所、西安光机所没把握，是因为该项目确实有一定难度。掠射式 X 射线望远镜和一般的望远镜不一样，一方面它是掠入射式，反射面工作时，是一个很窄的环带，遮拦比达到 98%；另一方面这两块反射镜是在同一个光学基体上。一般的反射系统是两块反射镜单独做，一个抛物面、一个双曲面。但是对掠射式 X 射线镜头，两镜的同心度要求太高，分开做很难保证，结构上只能采用连体式，但这也无法避免地带来了另外的困难。

[①] 钱德拉塞卡（Subrahmanyan Chandrasekhar，1910-1995），印度裔美国籍物理学家和天体物理学家。1937 年起在芝加哥大学任职，直到去世。1983 年，因星体结构和进化研究而与另一位美国天体物理学家威廉·艾尔弗雷德·福勒共获诺贝尔物理学奖。提出了钱德拉塞卡极限，在恒星内部结构理论、恒星和行星大气的辐射转移理论、星系动力学、等离子体天体物理学、宇宙磁流体力学和相对论天体物理学等方面都有重要贡献。

主要是检验方面的困难，因为两块镜子是光学耦合在一起的。后来我们想了一个办法，对抛物面和双曲面进行光学解耦，先将抛物面加工出来，再通过解耦光路单独加工双曲面。国际上以前有报道，即加工通过机械测量来检面形，而我们采用纯光学检验，这在国际上从来没有报道过。①

Wolter I 型掠射式望远镜物镜的两个掠入射反射面具有典型的超环面性质，难点在于如何实现系统的光学解耦和对细环带进行光学检验。最后在进行大量数据计算的基础上，潘君骅的团队决定采用连体方式制造该物镜，在国内第一次实现了以微晶玻璃为材料的连体 Wolter I 型掠入射 X 射线望远镜物镜的制造，达到在可见光波段的轴上分辨率为 2.74″，表面 RMS 粗糙度为（Ra）=0.473nm。该物镜在加工和检测方面，都有所创新：一是细磨分为连体钢模直线锥体一体细磨和小磨盘分体细磨两个过程；二是制造过程中首次采用 Foucault 刀口阴影法对两个掠入射二次反射面进行光学检测，较国际上利用高精度机械测量设备对反射面的轮廓进行检测有利。

2008 年 12 月 9 日，空间中心在苏州大学主持召开了太阳 X 射线成像望远镜抛物面/双曲面物镜研制验收评审会。评审会认为研制工艺合理可靠；采用光学补偿法，实现了在连体条件下单独检测抛物面镜面型质量，检测方法独特新颖；物镜轴上分辨率和镜面表面粗糙度满足合同技术指标要求。评审组一致同意通过验收评审。

参与国防研究工作

发起于 1986 年 3 月的"863"计划是一项国家指令性科技发展计划，是以政府为主导，以一些有限的领域为研究目标的一个基础研究的国家性

---

① 胡建军访谈，2014 年 10 月 16 日，苏州。资料存于采集工程数据库。

计划。是否参与"863"计划,可从一个侧面判断一个科学家的学术地位及其是否进入了主流学术圈。

"863"计划下设很多重大项目,涉及国防光学的 863-410 就是其中一项。2000 年 3 月 24 日,潘君骅被聘为国家高技术 863-410 主题"大口径非球面轻质主镜研制"项目工程总监,此后认真履行项目总监的职责,经常往返于成都光电所、长春光机所之间,密切关注轻质镜的研制进展及是

图 8-2 潘君骅担任 863-410 主题"大口径非球面轻质主镜研制"项目工程总监的聘书

否达到指标要求。潘君骅还多次主持或参加 863-410 主题会议,并担任评审委员会主任。

2001 年 12 月,潘君骅被聘为国家高技术 863-806 重大专项专家组顾问,多次参加国家高技术 863-806 重大专项专家组组织的会议,定期听取 806 重大专项中 5 个小组(总体技术组、光束控制技术组、COIL 激光器技术组、压力恢复系统技术组和效应与理论研究组)的科研工作汇报并给出建议性意见。

2003 年 3 月,806 专项 AS-1 项目(光束控制分系统)监理调研小组(以下简称监理组)成立,潘君骅被聘为监理组成员,参与 806 专项 AS-1 项目的试点监理工作。监理组其他 3 位成员分别是先进防御技术领域专家委员会的范滇元院士、中国电子科技集团 11 所的梅遂生高级工程师和 806 专项专家组办公室的赵玉钧高级工程师,范滇元院士任监理调研小组组长。监理组负责督促光束控制系统的研制工作,帮助其按计划完成任务并摸索验证监理的工作方式、途径,为大项目的良好运行提供支持。

作为 806 项目监理,潘君骅认真履行自己的职责,督促科研工作的进展,及时发现并提出在项目质量管理和关键技术上存在的问题。在对成

图8-3 潘君骅担任863-806重大专项专家组顾问的聘书

都光机所和长春光机所提交的主镜等检验方案进行讨论后，潘君骅专门撰写了《主镜检测有关实验的情况》并在说明后手书意见"建议伍凡将2.3项试验加长距离（模拟实际情况）再试一下，电话联系的。2003.5.12"[①]。

此外，潘君骅还被863-804重大专项（神光Ⅲ原型装置）专家组聘为评估工作组专家，对各有关钕玻璃制造、加工基地进行评估。评估内容包括对钕玻璃加工的技术认识和经验积累的程度，有关技术队伍、熟练工人和管理状况，钕玻璃加工设备和检测设备状况等。

提出泛卡塞格林系统

2002—2003年，潘君骅在计算某光学系统的时候，偶然发现经典非球面二镜系统如果加上一片密封窗，密封窗的一个平面采用纯四次方非球面，在像面之前再加上几片小的球面改正透镜，则原来的非球面主镜及副镜都可以采用球面。而密封窗上的纯四次方非球面又是可以用加工球面的方法制造的。所以，从工艺上来说这是一个全球面系统，很适合于需要批量生产的科普望远镜之用。这个发现很让潘君骅高兴，他把它称为泛卡塞格林系统（Pan-Cassegrain）并获得专利。

泛卡塞格林系统是一种科普天文望远镜的光学结构，含密封窗、反射主镜、反射副镜及视场改正透镜，均为球面镜，且密封窗两个面中至少一

---

① 潘君骅对AS-1专题主镜检验的情况说明。存于采集工程数据库。

个面是纯四次方非球面。密封窗两个面可以均是纯四次方非球面，也可以一个面是纯四次方非球面、另一个面是平面，且纯四次方非球面可以与主镜相对也可相背。光路设计为密封窗至主镜反射后至副镜，再反射后经视场改正镜至成像面。视场改正透镜至少设置两块。

原来的卡塞格林系统是反射系统，主镜是抛物面，次镜是双曲面，都是非球面。跟卡塞格林系统不同，潘君骅提出的泛卡塞格林系统主镜是球面，次镜也是球面；在望远镜窗口处加了一块高次的非球面改正板，可以实现卡塞格林系统原来系统的性能，但是视场要比卡塞格林系统增大很多，可以做到两度，而卡塞格林系统只能做到几十分。因此，新系统有很大的优越性。

泛卡塞格林系统的优越性还体现在制造成本不是很高，大概十几万元到二十万元。小口径的可作为科普望远镜，大口径的可为专业用。但这种系统真正被人们认识，估计还需要一个过程。

如果把采用泛卡塞格林系统的望远镜推向市场，那么更多的天文爱好者就有机会用上这种高性能的天文望远镜。目前，很多发烧级天文爱好者喜欢用这种望远镜观测天体，所以，采用泛卡塞格林系统的望远镜有一定市场。潘君骅希望能通过和企业合作把这个望远镜产品推广出去，推荐给喜欢自制天文望远镜的爱好者们[1]。这也是他想集中精力做好的一件事。

---

[1] 潘君骅：推荐一个新的望远镜系统。《天文爱好者》，2004 年第 12 期，第 40-41 页。

第九章
著书立说　倡导非球面系统

20世纪60年代初，潘君骅主动为红外夜视仪的光学镜头加非球面改正板，使其提高了分辨率、改善了成像质量，同时也开始了在光机所应用非球面于成像系统的新篇章。1970年，潘君骅考虑设计磨制非球面的自动机构，并从铣磨球面得到启发，发现如果用薄壁铣磨环在铣磨球面的基础上做一定的运动或者调整某种几何关系，可以产生非球面。经过分析知道，这种得到非球面的原理与过去的完全不同，对于凹的非球面来说，是利用了次法距差的特性；对于凸的非球面，则是利用空间角度产生。

到南京天仪厂工作后，潘君骅对于非球面的应用有了更大的自主权，这一时期也多次接触实际需求，如为合肥中科大同步辐射光源研制的超环面、为总参二部设计的战场侦察车光学镜头、为北京航天508所研制的资源1号卫星上的镜头及红外平行光管、为昆明物理所和南京理工大学研制的单件加工离轴抛物面等。在这些实际需求中，潘君骅对非球面的研究工作逐步深入并系统化，在此基础上也形成了自己的研究特色。

从非球面技术发展的全过程来说，需求当然是推动力，而能大规模的应用则是由于有了电脑。首先是计算问题，在用对数表手工算光线的时代，一条光线过子午面上的球面，算得最快也要8分钟，还不考虑算错的情况。潘君骅在长春光机所时，还只能做一些比较简单的、计算量不大的非球面，后来有了计算机自动优化程序，情况才出现根本改善；再后来计算机可直接用到加工上，用数字化的方法进行测量，精度也更高。21世纪初，非球面技术得到长足发展，所以，潘君骅认为自己在非球面方面的工作还只是开了个头。

非球面的加工和检验

1981年，潘君骅从不同于已有各种机构的根本原理出发，提出了两种产生常用非球面机构的原理，找到产生非球面的新途径，并论证了其几何关系。在非球面反射光学系统设计及光学非球面制造领域，特别是在加工手段和检验方法方面，潘君骅做了许多开创性的工作。

图9-1　1982年7月，光学非球面加工技术交流研讨会全体代表合影（第二排左八为潘君骅，左十为王之江）

潘君骅从三级象差理论出发，导出了两镜系统的解算公式；探讨了用铣磨法加工二次非球面的数学原理；研究了单件加工离轴抛物面的方法；探讨了具有三个二次曲面反射镜的光学系统、两非球面反射镜非扫描式软X射线投影光刻系统等。

潘君骅在与学生朱永田合作完成的《两非球面反射镜非扫描式软X射线投影光刻系统》一文中提出了一个软X射线投影光刻缩比为6:1、由两个非球面镜构成的光学系统。该系统在波长为13纳米时，可获得30毫米的平像场和优于0.1微米的光刻线条分辨率，其最大畸变为0.4%。当时认为，电子芯片线路要再细，就得光刻的波长更短，而比100多纳米更短的只有软X光了，其光刻镜头只能用全反射系统。在两镜系统中，有一个平像面系统像质很好，能满足要求，于是潘君骅和朱永田就想早点设计出来，争取以后在这方面进入这个研究领域。不过工艺和技术的难度决定了要取得这个领域的成就并不容易。

潘君骅一直在积极倡导和推进非球面系统的应用。1980年年底，潘君骅赴成都中科院光电技术研究所讲授两镜系统设计、现代天文望远镜的非球面技术等。20世纪90年代初，国内开始采用非球面系统。一开始，大家都认为非球面系统加工和检测都很不容易，如921相机上用非球面光学系统就曾引起很大争议。因此，在921相机上使用非球面系统可谓是中国在重要领域使用非球面的一个重要转折点。

抛物面是非球面的一种，20世纪90年代初潘君骅就已经在做这方面的事情，真正的研制工作始于1995年。

> 抛物面的国内市场比较大，每年都有需求。我们需要进行相应元器件包括离轴非球面镜子的加工。以前大部分单位的做法是做一块整的镜子，然后挖出来一块离轴的。但对口径大的就没办法加工，有的时候那么大镜子的材料都没有。比如做500毫米大口径平行光管，按照以前的方法必须是口径2米的镜子才能挖出来。我们现在直接做单块的，就是用500毫米镜子直接做出来。
>
> 国际上机械加工控制方面做得比较先进，他们基本上都是靠计

算机、小磨头的加工。现在国内也已经开始做这方面的设备了，如长春光机所做过计算机操作控制加工、国防科大现在也有了。但我们主要还是靠经验做得比较多，现场实用性强，且各自针对的问题也不太一样。①

早期做抛物面，潘君骅都是亲自动手磨制。这是他年轻时在长春光机所养成的习惯，凡事亲力亲为。后来，年纪大了，潘君骅便指导学生做，但他一定会认真地从旁指导并提出各种思路，随时帮助解决磨制过程中遇到的各种问题。

2003年4月3日，抛物面的加工已经做得比较成熟，潘君骅和学生胡建军、钱煜三人合作申请了一个关于抛物面制造方法的专利。这种离轴抛物面镜制造方法包括下列步骤：制作镜坯；取一金属方形镜框，将镜坯装入镜框并封闭缝隙；在镜框一侧中央及镜坯的对应位置分别制作标记；抛光镜坯的初始球面；设置检测光路，调整方形镜框相对于平行光束的角度、位置，使镜面角度符合离轴量要求；用刀口阴影法检测镜面；根据二维刀口的阴影图修磨镜面；重复检测和修磨，直至阴影图明暗均匀，即获得所需离轴抛物面镜。这项发明实现了离轴抛物面镜的单件加工，因而不需制作母抛物面镜，极大地降低了加工成本，并能实现大口径及离轴量较大的离轴抛物面镜的加工。

这个专利直到现在仍在使用。2010年，潘君骅团队把这个技术用在军方的一个大口径平行光测试系统项目中，其设计和工程设施最终获得了当年总装备部的科技进步三等奖。

非球面的检验是个性化的，也就是说每个非球面的检验光路一般是要根据它的具体参数而专门设计的。只要有抛物面反射镜，有一束平行光就可以。所以在实验室里，高质量的平行光管是必备的，而最简单的平行光管本身就是一个好的抛物面镜。因此，一定要从源头做起，先做一个好的球面（用刀口仪就可以检验），再做一个好的平面镜，用此球面镜检验，

---

① 钱煜访谈，2014年10月16日，苏州。资料存于采集工程数据库。

然后就可以用平面镜检验抛物面镜了。

2000年之前，国内的干涉仪还非常少，光学加工非球面都是采用刀口检验法。潘君骅做2.16米天文望远镜也是通过刀口检验法去磨的。刀口检验法是定性的，不像干涉仪那样可以定量。但刀口检验法的灵敏度很高，与光学加工者的经验有关，对人的依赖性强，对做光学加工的人的素质要求非常高。人眼本身对亮度的分辨率很高，人眼看刀口阴影图达到波长的十分之一是没有问题的，所以一般光学系统也都能用这种方法。

就抛物面的检验而言，离轴镜的焦点是空间的一个点，焦点位置不太好确定。若稍微有一点点偏离，轴外像差影响就特别大。如何想办法调到轴上那一点，使焦点位置准确呢？在长期实践的基础上，潘君骅提出了一个确定焦点的方法，这个经验方法后来在试验中被证明非常有效。

早在1960年，在长春光机所做红外分光光度计的非球面镜时，由于其椭球面和抛物面镜都很深，即光束张角很大（如1∶1），一般刀口仪或平行光管上光源的光束张角达不到，因此需要专门的广角光源。潘君骅请检验组的沈鸿均设计了一个原则上是180°张角的光源，尺寸很小，只有10毫米直径，遮光很小，很管用。一共做了5个，现在刘禄处有一个，潘君骅自己手边有一个。

数控非球面铣磨机

在进行非球面加工的实际工作中，潘君骅想如果有一种机床能在细磨工序替代手工，应该是非常有用的，他一直在琢磨这事。政治运动时期，无事可做时，潘君骅更是反复思考制造非球面的新原理问题。20世纪80年代，潘君骅在从事2.16米天文望远镜加工研制的时候，再次感受到纯手工铣磨非常麻烦，而如果用机械来替代手工就可以事半功倍，大大提高工作效率。这一时期，潘君骅在实践工作中，结合自己的长期思考提出了铣磨非球面的新原理，并先后写出两篇论文发表在《光学学报》上。

这一原理跟德国的进口机床不一样，潘君骅一直希望在实际工作中检验一下它能否实现。而真正推动他去研制这样一种机床的是508所激光核聚变项目中的潜在需要。当时的项目方案中有离轴非球面的光学件，做这种光学件极需机器帮助，否则人工太累。正好潘君骅到苏州大学之后有一笔科研启动经费，他决定放手去做一台自己的非球面铣磨机。

潘君骅一到苏州大学就开始着手做这个机床。潘君骅在清华的老同学吴锦明恰好就在苏州且已退休在家，他曾当过长风机械厂厂长，既懂机电业务，又熟悉各类人才。于是，潘君骅找到吴锦明，希望逐步把制造非球面铣磨机的工作开展起来。

> 我找厂里面退休的高级工程师钟先生，他早期也在171厂，是我在哈尔滨时一直带到苏州来的技工。这是我们团队承担的一项任务，当时风险很大，当然，技术性的意义更大。潘君骅研制原理的最大特点是机器只要走一点点距离、转动一点点角度，就能达到所需精度。当时，从国外买一台加工600毫米的细磨机要花二百多万元，而这一台大约在三十万元。[①]

2004年10月，经过近四年的努力，吴锦明组织的研制团队根据潘君骅提出的制造非球面的新原理设计并做出了直径600毫米的样机，命名为CNC-XMF600型数控非球面铣磨机。样机完成后需要做实验，对原理进行验证。当时，胡建军在潘君骅指导下正在为508所加工

图9-2　2004年，潘君骅（左）与吴锦明（右）在数控铣磨机设计成功时合影留念

---

① 吴锦明访谈，2014年3月26日，苏州。资料存于采集工程数据库。

第九章　著书立说　倡导非球面系统

图 9-3　直径 600 毫米数控非球面铣磨机全景照

一套强焦比空间光学系统，他们就通过这个为 508 所做的强焦比望远镜对一个直径 350 毫米的双曲面主镜和次镜做了铣磨实验，实验效果比较好，可以铣到 4μ 左右。实验结果证明了潘君骅提出的铣磨非球面新工作原理的正确性[①]。虽然机器免不了也有些缺点，如剩余误差较大、操作不便等，但作为自用机器，这些缺点都还能接受。

2004 年 10 月 11 日，苏州大学现代光学技术研究所由潘君骅、薛鸣球等组成的验收人员查看了有关技术资料、实物，认为 CNC-XMF600 数控球面铣磨机达到研制合同的各项技术指标，同意验收（图 9-4）。

图 9-4　直径 600 毫米数控非球面铣磨机验收报告与合格证书

　　　　当时把样机做了，把原理验证了，但没有找到合适的地方去生产，也发现有一定的问题。后来因为经费原因，这部分工作到现在还

---

① 直径 600 毫米数控非球面铣磨机合格证明书、验收报告。存于采集工程数据库。

没有具体落实。我们想以后能不能申请国家自然基金的重大专项，把这个工作再接着做下去。[①]

当时国际上也在做数控铣磨机，铣磨的口径可以到 500 毫米，价格是 500 万元左右。2005 年，苏州大学买了一台德国数控非球面铣磨机，当时世界上只有三台。这台进口铣磨机的原理跟潘君骅提出的原理不一样，但最后的效果是一模一样的，也是通过铣磨来把球面上非球面度大的地方通过数控去除掉。德国生产的铣磨机用一个小的杯形磨盘走轮廓，一条一条铣磨出来，铣磨时间比较长。利用潘君骅提出的原理制成的铣磨机，杯形磨盘的动作非常小，铣磨过程和周期比德国的机器大概要少一半时间。但德国进口的铣磨机比自制的那台机器制造精度高、好用，慢慢大家就不用自制的那台了。通过这个例子，潘君骅体会到中国的精密机械无论设计还是制造，与德国的差距还很大。

出版《光学非球面的设计、加工与检验》

潘君骅一直留意光学非球面技术的国外最新进展，也积极应用和传播它。早在 1980 年，潘君骅就为杨力翻译的苏联学者普里亚耶夫的《光学非球面检验》(Методы Контроля Оптических Асферичехких Поверхностей) 一书做详细校对，该书讨论了构成高性能光学系统的光学非球面质量检验方法以及实现这些方法所用的仪器；论述了检验二次及高次非球面的无象差点法和补偿法；介绍了检验大型望远镜的天文镜面质量的新型补偿器，列出了性能优异的万能补偿器的参数。

潘君骅在中译本前言中写道：

非球面在光学中占有重要地位，而且随着科学技术的进步，势将

[①] 胡建军访谈，2014 年 10 月 16 日，苏州。资料存于采集工程数据库。

获得更广泛的应用和发展。但到目前为止，制造非球面仍然要比制造球面困难得多，主要是加工手段和检验方法问题。如果在这两方面能逐步形成一套行之有效的方法，则将极大地推动整个光学技术领域的发展。这是因为：一方面它可提高现在已被采用的非球面的生产效率、降低成本、提高产品质量；另一方面它可促使设计者更多地在光学系统中采用非球面，创立性能更为优越的新的光学系统……我国过去一直缺乏有关这方面的参考书，不少同行要我推荐一些有关资料，甚感困难。[1]

1994年，潘君骅出版了《光学非球面的设计、加工与检验》一书。这本书是在老伴丰明媛一再催促下完成的，很费了一番工夫。潘君骅在序言中不无感慨地说道：

要恰到好处地将非球面应用到光学系统中去，需要光学仪器总体设计师、光学设计师与光学工艺、检验工程师的相互沟通。国内目前恰好缺乏这方面的交流与沟通，而这方面专业书的短缺是造成这种情况的原因之一。作者写这本书的动机就源于此。[2]

同时，潘君骅还把这本书作为献给母亲100周年诞辰的礼物。

该书对非球面光学系统做了科学的分类，并详细分析了各类系统的特

图 9-5 1994年出版的《光学非球面的设计、加工与检验》封面

---

[1] [苏]普里亚耶夫著，杨力翻译，潘君骅校对：《光学非球面检验》。北京：科学出版社，1982年，第 i 页。

[2] 潘君骅：《光学非球面的设计、加工与检验》。北京：科学出版社，1994年。

点，阐述了它们的设计步骤、加工方法和检验措施。全书共分十章。第 1 章介绍了轴对称非球面的数学 – 光学性质；第 2 章至第 5 章介绍了两镜系统、施密特系统、同心系统及其非球面校正板、三反射镜系统的设计、加工与检验方法；第 6 章至第 8 章讲述了离轴抛物面镜、非球面单透镜和大型夜视物镜中的非球面的加工与检验技术；第 9 章至第 10 章分别介绍了掠入射环面镜和偏轴两镜准直系统的设计、加工与检验。

图书出版后，反响很好，第一次印刷的 800 册很快就卖完了。

长春光机所的王大珩院士、翁志成研究员，上海光机所的王之江院士，西安光机所的薛鸣球院士，哈尔滨工业大学航天学院的许世文教授，中科院光电所林大键研究员等都为这本书做评议，一致给予了很高的评价。王大珩认为潘君骅既有理论基础，又有从事工程技术的实践经验，在苏联留学期间发明"潘氏法"，是一位富有工程概念的科学工作者，在专著中所举实例都是他实践用于光学设备的结果（图 9-6）。

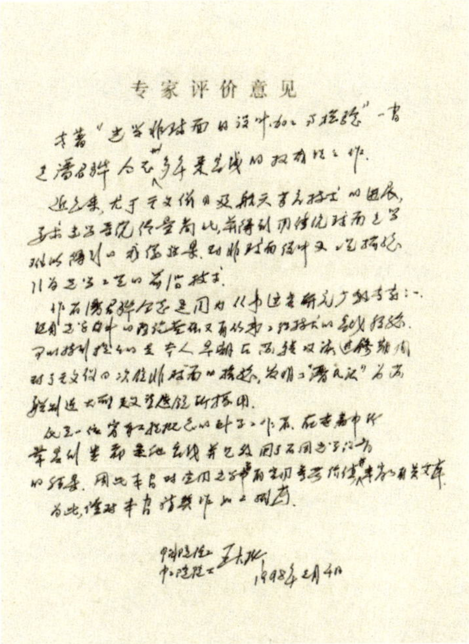

过去在长春光机所的同事王之江看过这本书后，欣然写下：

图 9-6　王大珩对潘君骅著作的评价意见

潘君骅著《光学非球面的设计、加工与检验》一书，对于由反射镜组成的反射式光学系统及折反射系统做了十分详尽的研究和论述，对于相关领域的读者将十分有益。作者对两镜系统的设计方法自成体系，便捷易用，对施密特系统分析推导而得结果也很有用，对于偏轴两镜系统作者也导出了便于应用的解析解。作者在书中对其他常用的非球面光学系统也有深入的论述，相关的对于检验和加工方面的经验更是本身的特色。本书是作者在多年实际工作的基础上写出的，可起到沟通设计和制造间的桥梁作用，也是引导读者进入非球面系统的指南。①

十年之后，非球面技术领域发生了很大变化，潘君骅把《光学非球面的设计、加工与检验》一书重新修订，作了一些增删，于2004年12月交由苏州大学出版社再版发行，也算完成了一桩心愿。

---

① 王之江对《光学非球面的设计、加工与检验》一书的评审意见。存于采集工程数据库。

第十章
国际交流　引领学科发展

科学成果的广泛交流是促进科学发展的重要方式。中国的科研只有面向世界，充分利用国内外优质资源，借鉴国外先进的科研理念和模式，并立足自身的改革与发展，才能提高学术水平，从而形成具有世界眼光和国际竞争能力的科研队伍。潘君骅所从事的天文光学领域尤其如此，不管是天文光学的理论创新，还是天文光学的仪器制造技术，需要向国际同行学习借鉴的地方很多。在不断学习中成长是科学技术后发国家的必由之路，也是培养一个优秀科学家的必由之路。

潘君骅认为苏联留学时期的所学让他终身受益，从一名天文光学爱好者转变成了现代天文光学的研究者[①]。自身经历让潘君骅深知国际交流的重要性，在条件允许的情况下，他总是及时跟进天文光学国际新进展，了解国际同行的研究动态，参观国外先进的天文仪器和天文台的新设备等。

潘君骅也非常重视学科建设，积极倡导成立光学测试专业委员会，促进光学测试专业同行间的学术交流。此外，他还通过工程项目培养研究生，发展并提携这个学科领域的新生力量。

---

① 朱晶，叶青：从天文光学爱好者到研究者——我的苏联留学生活.《科学文化评论》，2015年第5期，第117页。

助力国际学术交流

早于改革开放之前,潘君骅就参与到一些国际学术交流活动之中。到20世纪80年代之后,国际学术交流在国内已经常态化,潘君骅的国际交流活动就更加频繁了。一方面要出国参观、考察,另一方面还要接待国外来访的学者。

三次访德　不辱使命

1975年6月,中国天文界要从民主德国蔡司厂进口一台1米RCC反射望远镜,作为贸易补偿。那时和民主德国交流用俄文,潘君骅是最合适的人选,经军管会同意他去了民主德国。这是潘君骅自苏联留学回国后第一次跨出国门,为完成订货考察任务而去。考察小组由中国科学院的赵黎、张伯荣、黄磷、黄铁琴、潘君骅五人组成(图10-1)。

图10-1　1975年6月28日,考察小组五人在布加勒斯特自由公园合影(右一为潘君骅)

1977年，潘君骅再次去民主德国蔡司厂验收1米望远镜，验收完毕经罗马尼亚回国时，在罗马尼亚大使馆接到国内通知，等王大珩带队的国内代表团一道去联邦德国考察光学。其实，原本安排与王大珩一块去联邦德国的另有其人，但因为技术原因，中国科学院不同意他去，而临时换人时间又不够，刚好潘君骅当时在民主德国，就让他在罗马尼亚使馆等两天，然后会合王大珩的代表团一起去联邦德国。潘君骅事先完全不知情。

10月28日至11月21日，代表团赴联邦德国考察。同行的除了王大珩，还有唐九华、朱从善、严义勋、林祥棣等共7人。

> 现在看来，我参加这个代表团很合适，因为考察的是光学方面的事情，只有这个技术背景下的同志才能参加。当时访问联邦德国好几个城市，考察了一些工厂和研究所，比如PTB标准局、Max Plank研究所、Stuttgart大学、DESY研究所等单位，还有在联邦德国光学工业中具有代表性的Zeiss、Leitz、Heidenhain、Schott和Möller五家工

图10-2　1977年11月20日，在联邦德国参观Leitz厂（后排左二为潘君骅，前排中为严义勋）

图 10-3　1977 年 11 月 8 日，在联邦德国参观 PETRA（左一为潘君骅，背对者为严义勋）

厂。这一轮考察下来，觉得当时联邦德国光学工业跟中国正在开展光学工业的差距还是很大的，他们光学研究所的一些题目，我们都不了解；他们为什么要做这个题目，我们也不太了解，反正我自己就不太清楚。①

这次考察回来之后，王大珩在光机所一些研究任务或者研究题目分析中就开始借鉴联邦德国的工作。

赴美考察长见识

1980 年 1 月 7—12 日，潘君骅在美国亚利桑那州图桑（Tucson）参加了由基特峰（Kitt Peak）天文台主持召开的"九十年代光学及红外望远镜"会议。参加会议的有美国、法国、英国、加拿大、意大利、日本、瑞士、

---

① 潘君骅访谈，2014 年 10 月 16 日，苏州。资料存于采集工程数据库。

联邦德国、苏联、澳大利亚和瑞典等国的学者约 200 人。中国科学院派出三人参加，分别是北京天文台的胡景耀、光电所的姜文汉和长春光机所的潘君骅。后来才知道，原来的参会人员名单没有潘君骅，而是天仪厂的胡宁生，因其政审未通过才改换的潘君骅。这次访问主要还是开阔眼界，当时正值 10 米级望远镜研究热。

会议共开了 6 天，有 107 场报告，主要内容为未来望远镜计划的方案，如加州大学 10 米望远镜计划、Kitt Peak 天文台的下一代望远镜计划、Texas 大学 7 米望远镜概念、苏联和欧洲的望远镜计划等。

为解决 10 米拼接望远镜的子镜加工，美国加利福尼亚大学 Lick 天文台的尼尔森（J. Nelson）提出了应力变形加工非球面的新办法，这项工作也是真正实现拼合大镜面的关键技术之一。年轻有为的尼尔森的报告让潘君骅很受启发。

会议结束后，胡景耀赴旧金山参加美国天文学会年会，然后留在美国进行为期几个月的天文观测工作。潘君骅和姜文汉则留在图桑，继续参观考察。后应法国同行夏文（P. Charvin）博士及夏威夷 CFH 天文台（Canada-France-Hawaii Telescope Corporation）总工程师贝利（Pierre Y. Bely）的邀请，去夏威夷 CFH 天文台参观。这样，潘君骅在美国期间共参观了 3 个天文台，分别是霍普金斯山（Mt. Hopkins）上的 MMT 天文台、基特峰天文台和夏威夷的 CFH 天文台，而 MMT 天文台的多镜面望远镜、基特峰的 4 米望远镜和 CFH 天文台刚刚落成的 3.6 米望远镜等都让潘君骅大开眼界。此外，潘君骅和姜文汉还参观了亚利桑那光学科学中心（OSC）和基特峰天文台的光学车间及实验室等，也长了不少见识。

图 10-4　1980 年在美国参加"九十年代光学及红外望远镜"会议

姜文汉那时刚开始做自适应光学，潘君骅和他一道找到光学中心的同行讨论交流。在和该中心负责光学加工的帕克斯（Robert Parks）交谈中，潘君骅发现美国人正在做干涉条纹数字化处理，并开始做激光球面干涉仪。回国后不久，潘君骅安排一个研究生开展干涉条纹数字化处理工作，并向帕克斯索要了详细资料。这些在当时都是前沿性的工作。

参观回来后，潘君骅写了详细的会议及参观总结并反复修改，一共写了三稿，包括天文学对大望远镜的要求、大望远镜方案、技术细节、参观所见以及政治情况，并附会议参观几个天文台的情况，如霍普金斯山上的多镜面望远镜及赴美期间的见闻观感、政治情况及接触到的外国人详细名单等。潘君骅对这次出访总的感受和体会是：

> 一是开了眼界，较深地体会到世界上在这个领域里在做些什么、想些什么、规模如何；二是感到在电子计算机使用方面，我国和国际上的差距太大，应该努力赶上；三是旅美华侨及美籍华人学者对国内同胞关怀备至，从各方面给予我们帮助；四是各国同行大多对我们很热情，尤其是到过中国的，不管在国内是否接触过。①

赴澳洲寻光谱仪最佳方案

1980年2月22日—3月20日，潘君骅作为团长，与北京天文台蒋世仰、胡焕彬和南京天文仪器厂的卢保罗等一行7人到澳大利亚考察光学望远镜的光谱仪器项目，并于考察结束后提出了研制折轴阶梯光栅光谱仪代替原定的平面光栅光谱仪的建议。

这次访问完全是出于做216望远镜及其附属仪器的需要。主要的收获是改变了折轴分光仪的大方案，这是非常重要的决策。如果做了平面光

---

① 潘君骅：参加美国"九十年代光学及红外望远镜"会议及参观总结。资料存于采集工程数据库。

栅，就无法更改，或者说即使能修改也要花很大代价[①]。

1980年年底，光机所紧急把潘君骅从南京召回，因为法国国家理论与应用光学研究所所长、光学权威马尔夏尔（A. Marechal）教授要去长春访问和授课，要潘君骅担任授课现场口译。接到通知的潘君骅心里有点虚，事先和王大珩说好，如果中译英有问题或遇到困难，则需要请王大珩出马。

20世纪80年代之后，中国与国际学界的交流不断加强，国际学术交流逐步常态化。潘君骅一贯重视光学领域的国际交流与合作，开始定期参加国际光学会议和进行各种国际交流活动，如1984年4月，赴联邦德国参

图 10-5 1980年在澳大利亚Sydney天文台最高处留影（右为潘君骅）

图 10-6 1980年3月，在澳大利亚考察时合影（左四为潘君骅）

---

① 潘君骅：1980年去澳大利亚天文仪器考察汇报。资料存于采集工程数据库。

第十章 国际交流 引领学科发展

加国际光学会议；1985年9月，接待美国亚利桑那大学光学科学中心学者帕克斯来南京访问；1990年5月，访问苏联并重返普尔科沃天文台；1994年4月，参加在日本京都举办的国际光学会议等。

倡导成立光学测试专业委员会

测试技术在光学领域是非常重要的手段，大量的光学工程、光学仪器需要测量光学像质及参数，测试是光学仪器技术的基础。测量精度必须高于加工精度，才能加工出高水平的仪器，而没有检测就没有加工。

测试手段也不是简单的一个光学技术，因为测量的精度需要通过与各种新技术（如激光技术、计算机技术等）的有机结合来获得提高，可以说光学测试是一个综合性的工作。从理论上来说，光学测试要有原理，也就是用什么样的办法去测量，这是物理层面的概念。另外，它还需要把一些技术结合起来做成一台可以实际操作的仪器。

筹建及成立

中国光学学会下设的光学测试专业委员会最早是于1985年发起筹建的。当时搞光学测试技术的专家经常开研讨会，1985年开一次，1986年开一次。大家自愿参会，互相联系，讨论的都是光学测试方面的一些技术，并试图把光学测试领域里各方面的内容整合起来。这两次研讨会让大家很受益，于是陈进榜请潘君骅向王大珩说项，希望成立一个光学测试专业委员会。陈进榜[①]担任筹备组组长，上报中国光学学会，潘君骅也做了很多组织准备工作。1987年，中国光学学会获批成立。

成立大会于1987年10月5—8日在南京召开，陈进榜做了关于筹备

---

① 陈进榜，南京理工大学教授，光学测试专家。

成立光学测试专业委员会的报告。与会代表对筹备组成员的辛勤劳动、不懈努力表示感谢,对能在两年的时间内成立光学测试工作者自己的学术组织感到由衷的高兴。出席会议的全体委员一致推选潘君骅为主任,陈进榜、苏大图[①]任副主任,顾去吾[②]为顾问。当选主任是潘君骅的学术魅力和人格魅力所致,是众望所归[③]。

图 10-7　中国光学学会第一届光学测试专业委员会委员聘书

光学测试专业委员会集中了国内大学和研究机构的著名光学测试专家,他们分别来自苏州大学、南京理工大学、北京理工大学等高校和中国科学院的长春光机所、上海光机所、西安光机所以及国防军事口的几个研究所等。在学会这个平台上,大家自由地进行学术讨论,和同行交流经验。

1991 年光学测试专业委员会第二届换届选举时,陈进榜担任主任,苏大图、韩昌元为副主任,潘君骅和顾去吾任顾问。此后,潘君骅一直担任

---

① 苏大图,北京理工大学教授,光学专家。
② 顾去吾(1922-1998),广西北流市人,中国著名光学家、高级工程师。1952 年调入长春光机所,1986 年调入上海机械学院(现上海理工大学)。在物理光学、光学计量和光学加工等方面做出了贡献。
③ 朱日宏访谈,2015 年 5 月 8 日,南京。资料存于采集工程数据库。

顾问或名誉主任。陈进榜先生去世时，潘君骅临时代主任，撑起了学会的各种事务工作，直到后来推荐韩昌元当主任。

主任的工作就是组织协调，专业委员会的委员和领导都是骨干，几个骨干组织在一起纯粹是为了互相学习，都是自愿的。一般来说，主任和副主任要在大会上做报告，这不是明文规定，是约定俗成的。大家认为有水平的人才能当主任、副主任，每次学术年会上主任、副主任们都得做大会报告。不做报告的话，好像说不过去，而且必须是自己工作有一定的成果才能做报告。[①]

学会活动

光学测试专业委员会把学术作为其主要活动，商业活动从来没有，广告都极少，纯粹就是学术活动。委员会每两年举办一次学术年会，会后都会出版一本论文摘要集，从未间断过。

潘君骅一直是该专业委员会的组织者或领导者。他倡导的理念贯穿整个专业委员会，学风浓郁，风气较正。每年的参会人员都非常多，而且一届比一届多，原来只是100人左右，现在已经有200多人了，对于一个非常专业的二级学会来说，这个规模的参会人数已经很多了。能够吸引这么多人参会，而且每个人都自费参会，是因为会议报告很有用，听了以后很受启发，所以大家都愿意去学习。

参加会议的人员范围很广，有的来自大学和研究所，也有来自企业的；有的做光学检验，也有从事光学计量，几乎全国搞光学测试的人都去。

你说完你的想法，我可以拿去应用，做出产品、做出成果都是允许的，这就是开放式交流。交流新的思想，不是做买卖的关系。学会的好处就是：在这里可以了解到新的思想、新成果，对自己做研究、

---

① 韩昌元访谈，2015年5月21日，长春。资料存于采集工程数据库。

做产品都有启发作用。①

　　学会的每一次年会，潘君骅都积极参加，享受跟大家一起讨论问题的乐趣，他还每次谦逊地问大家有什么需要他做的事情。他参会的时候都是从头听到尾，不管是大会还是小会，讲完后他还提问，非常认真。很多大的专家参加会议一般不过是在大会上做个报告，泛泛地交流一下，但是潘君骅不是这样，他每一次小会场、分会场都参加，而且跟年轻人交流都很热情，大家也愿意跟他交流。

　　光学测试委员会从成立到现在共举办了 15 次学术年会，对于整个中国光学测试领域的发展起到了一定的推动作用。

　　可以说，这个年会的报告代表着国内光学测试领域的最高水平。年会交流的内容反映出当时光学测试领域的热门话题和最新成果，其学术成果比正式发表在杂志上的要新，因为年会上的报告必须是最新的工作，在学会上报告后，可以写文章去发表；但是正式发表过的文章或内容不能在会上报告。这个要求是第一届专业委员会成立时就已经提出并一直坚持的，目的是让大家了解这个行当中最先进的成果或新想法。在一定的学术规范之内，报告新的工作可以启发新的思想，学会的作用也就在于此。

个性化培养学生

　　从 20 世纪 50 年代开始，中国科学院就开始指导和培养研究生，这在当时弥补了高校研究生培养的师资不足，是中国特定时期的特殊教育模式并延续至今。所以，潘君骅从在长春光机所时期就开始培养学生，迄今为止，由他担任指导老师并顺利完成学业的研究生有十几人。1990 年，潘君骅被评为中国科学院年度优秀研究生导师②。

---

① 韩昌元访谈，2015 年 5 月 21 日，长春。资料存于采集工程数据库。
② 1990 年中国科学院优秀研究生导师证书。存地同①。

问题导向

科学研究有两种驱动,一种是需求驱动,另一种是问题驱动。这是科学发展的原动力。需求驱动对一个国家来说十分重要,如果国家科学没有需求驱动的话,国家的凝聚力就没有了。但是作为科学本身来说,更多的可能是关注问题,科学家怀着好奇心的问题意识。从科学研究驱动力的层面,科学家大致可分两类:一类是战略型科学家,关注学科领域的发展趋势,关注现实需求与学科发展的结合点,积极发展新学科或者新领域;另一类是问题型科学家,关注自己学科领域中还有哪些问题没有解决、怎样去解决。潘君骅属于后者。他踏踏实实地研究实际问题、解决实际问题,可能工作没有那么宏大,但是非常"接地气",广受同行欢迎。正如潘君骅在2012年全国光电技术和检测学术会议上做的主题报告那样——《非球面光学加工中的检测难题》。这个报告题目反映的就是潘君骅一贯的工作特点——务实求真。科学在不断地发展,有很多的问题都没有解决,并不断产生新的问题。潘君骅根据自己的研究积累,提出他熟悉的非球面光学领域的一些前沿问题并尝试解决,供大家共同探讨。潘君骅每次做报告都是从这个角度来切入,这是他的特点。

潘君骅指导学生做研究,一般也是问题导向。选题都是从实际项目中找出来的、比较棘手但在工程上亟待解决的问题。

在课题研究中,潘君骅会给学生提供一个可以思考的方向,鼓励学生去自由探索。他很平易近人,凡是学生问他问题,一定热情接待。当学生遇到研究瓶颈或是难以跨越的难题时,他会恰到好处地给予启发,而学生按照他的思路基本不会走太多的弯路。

潘君骅对学生非常有耐心,从来不会说学生:你怎么这么笨,怎么这个也不懂?他会跟学生一起工作,给学生做示范、讲道理、提要求。潘君骅对学生从来不摆老师的架子,跟学生讨论时不会"点到为止",而是非得把问题解决了才算数。因此,跟他在一起工作的人都没有什么畏惧,也没有什么保留。

我们读研究生时，办公室是个套间，潘老师在里间，我们在外间。没事的时候，看他来了，有什么问题就直接与他交流。过一段时间他会跟你聊聊，会主动问你有什么困难、有哪些进展。跟潘老师工作没有压力，他不会给你很大压力，非常平易近人。但他也不会放羊，到了时间节点看一下，有的学生不用功，啥都没做出来，他会跟你经常聊聊。他如果在阶梯光栅光谱仪方面有什么想法，会及时来告诉你，让你沿着什么方向继续研究。我觉得作为一个老师，他起到了很好的作用，其实老师的作用就是给你指方向，定大的方向很重要。①

身教重于言传

多年来，潘君骅在培养学生方面可谓是诲人不倦，但他很少讲大道理，常常是通过自己的言行举止去感染学生，教会他们做事和做人。

大到工程项目，小到一篇论文，学生都能从潘君骅身上感受到细致和严谨。潘君骅主持 2.16 米天文望远镜项目时，一起工作的学生朱永田就从他身上充分体会到了这一点。

整个 216 有好多部件的装调、调试、检验，这些问题以前都没有遇到过。调试还要在暗房里进行，因为望远镜把光引到暗房，一点光都不能有，有就是漏光了。当时在国家天文台兴隆观测站，每天吃完早饭就去调，在黑屋子每天工作十几个小时。这个装调系统非常复杂，它的光路比普通望远镜光路复杂得多，涉及的零部件也多，然后是中间有很多折转。怎样把这些光学元件准确设计、达到设计的精度，我们想了很多办法。潘老师会跟我们一起制定装调方案。整个调试分几个阶段，有粗调和精调，整整花了三个月才调好。②

---

① 朱永田访谈，2015 年 3 月 30 日，南京。资料存于采集工程数据库。
② 同①。

那么大的望远镜是中国第一次做，还是自主设计，里面差一点都不行。中国能够在20世纪90年代初就把2.16米的大望远镜做出来并投入使用，靠的是潘君骅等这一批老科学家全身心的投入。

学生完成的工作，哪怕是小到一篇论文或者是一个很简短的报告，如果学生请潘君骅修改，他都会认真对待，文章语言描述的准确性，甚至是错别字、语句不通之类的问题等，他都会一一指出。这种细致和严谨对于一个从事光学仪器或者光学测试的科学工作者尤其重要，这和他们的专业紧密相关，如果不细致、不严谨，稍微出一点错，测量的误差就是失之毫厘谬以千里了。

> 这么多年，我看到潘先生培养出一批优秀的学生。他培养学生有几个特点，第一个就是对年轻人在专业指导方面的无偿的思想交流和奉献，第二个是他对科学的认真和执着的态度。这不是简单的空话，而是体现在他平时的工作中。他带着学生做的研究、他思想的渗透、他给学生修改的论文以及他平时开会时跟你讨论各种问题等，始终都贯穿着他的这种思想和精神，非常认真和一丝不苟。他的学生如李新南、王建国、赵培谦等都很不错。李新南在非球面加工这方面现在是挑大梁的，做工作很认真，同行都认可。你把工作交给他去做，他肯定会做得最好，不会说对付对付就交差了，这种工作态度是受潘先生潜移默化的结果，是一种科学的精神和认真执着的态度，这是潘先生独到的地方。从他的学生身上就可以看到潘先生的影子。①

除了细致和严谨，潘君骅教给学生的第二点是执着和认真。科学研究本身，最重要的是一种精神，不为名和利，就是因为有兴趣，对科研有一种热爱才要从事这个工作。这才是科学研究真正的驱动力。从潘君骅这样老一辈科学家身上就能看到这种驱动力。

潘君骅每次做学术报告、参加学生的论文答辩时都很直接，不会说如

---

① 朱日宏访谈，2015年5月8日，南京。资料存于采集工程数据库。

何好之类的客套话，而是直接指出问题所在。他面对面地提意见，不是讥讽和嘲笑，而是中肯的建设性意见，每个被提意见的人都能感受到潘君骅的真诚和善意。作为一个科学工作者，并不是每一个人都能这样无私无偿地给别人提意见。而潘君骅这种无私正是源于他对科学的执着和认真。

潘君骅对学生的培养还体现在他对年轻人的扶持和关爱上。

> 潘老师对年轻人倾力扶持，积极把我们介绍到外面去。慢慢地，我们团队的名声就大了，大家都知道苏州大学团体在这方面工作做得很好。这样，我们年轻人就都成长了起来，获得外界同行的认可。
>
> 潘老师一头白发，人很慈祥，经常笑嘻嘻的。他每天来回学校两次。早上来一次，中午就在食堂吃饭，他自身血糖有点高，但是他这个年纪了还天天吃食堂，我就经常问他要不要改善一下，他说这么多年已经习惯了。他对学生很关心，是发自内心的关心。最让我难以忘怀的是有一年我买房子，其实我也是买房投资。潘老师听说我买房子，主动问我买房子是不是贷款，我说要贷一些款。他说："不要贷款了，贷款利率高，还款压力大，我借你钱。"我说我是投资的，有风险，不想麻烦潘老师。[①]

中国科学院光电技术研究所的胡自强读博期间，在进行压电陶瓷驱动器的非球面变形抛光磨盘时遇到了技术问题，写信请教潘君骅，问题包括磨镜的过程中，贴上胶后被磨损应如何处理等[②]。虽然不是自己的学生，潘君骅也像对自己的学生一样，耐心地一一进行解答。

潘君骅通过自己对科学的执着追求和细致严谨的工作作风感染着他的每一个学生。身教重于言传，潘君骅给学生们留下了清晰而难以磨灭的印象，指引着他们在科学的道路上稳步前行。

---

① 胡建军访谈，2014年10月16日，苏州。资料存于采集工程数据库。
② 2006年1月16日胡自强致潘君骅的信；胡自强博士论文。存地同①。

结 语

在对潘君骅的学术成长经历进行详细考察之后，我们尝试借用科学哲学、科学史、科学社会学等领域关于科学研究方法、科学创新思维、科学研究工具等方面的概念工具与理论，析究其学术成长的阶段特征、学科特征以及社会文化特性，发现其学术成长经历有以下特点。

痴迷天文　兴趣引导科研方向

潘君骅在清华大学就读的是机械系，他是通过学生社团天文学习会学习了一些天文学知识，培养了自己的兴趣爱好，也是从那时起，他开始痴迷天文望远镜，对天文仪器充满兴趣，并在工作中根据兴趣和知识积累调整了自己的研究方向。这种发展模式和中国当时天文光学仪器发展的路径是完全一致的。20世纪50年代初期，中国的天文望远镜设备发源于个人爱好[①]。从天文爱好者开始，然后慢慢职业化，生产出中国自己的高精度天文光学仪器和设备。

既不是职业的物理学家，也不是职业的光学家，但潘君骅在很多领域，比如光学设计、光学检测与加工，工作都很出色。当然，这首先跟他

---

① 干福熹：《中国近代光学与光电子学发展史》。上海：上海科学技术出版社，2014年，第192页。

的兴趣爱好有关系,因为他爱好天文光学,才肯不断地去钻研。潘君骅知识面很宽,他的光学设计不输于职业的光学设计专家。他的《偏轴两镜系统的设计》这篇文章[1],无论在天文、光学,还是在空间领域,都是经典之作,被广泛引用。

潘君骅比较自立,能自己做的事情绝不麻烦别人。在兴趣爱好的驱动下,他凭着自己的勤奋和努力一步一个脚印地走到学术的顶端,没有投机取巧,也没有任何捷径可循。

心无旁骛　实践出真知

潘君骅做的都是一些很基础的工作,但是没有他做的这些基础工作,光学这方面的某些工作就上不去。潘君骅做的事情有很多是做完一段时间以后才体现出其重要价值。

潘君骅对自己的要求是专心做好每一件事情,对工作敬业、细致、专心是他的特点,也是一个优秀科学家的特质。潘君骅的好学和专心是有目共睹的。据他刚分到长春光机所的室友干福熹院士回忆,当时潘君骅就是一个书呆子,所有的时间都用在研究上[2]。潘君骅在长春光机所时期的同行回忆道:

> 在过去强调又红又专的情况下,要说潘君骅"红",好像不会有人很慷慨地给他戴一个红帽子;但"专"肯定是没问题的。他学习很刻苦。不管你今天讨论什么课题,他拿着一本书就在那边看,我们就笑话他,整天就只知道读书,有一点机会就抓紧学习。好学是他的一个优势。[3]

当然,做研究仅靠学习是不够的,尤其是天文光学这个领域的大量研究工作要靠实践,靠实践中的累积,需要在无数次实验失败的基础上才能达到预期目标,才能成功。做理论设计的很多人一般不喜欢自己动手,有

---

[1] 潘君骅,李新南:偏轴两镜系统的设计.《光学学报》,1994年第8期,第867-871页。
[2] 干福熹访谈,2014年11月8日,上海。资料存于采集工程数据库。
[3] 张礼堂访谈,2014年3月17日,成都。存地同[2]。

时候理论上设计得很好，实际做起来就是另外一回事。

潘君骅恰恰是喜欢自己动手、喜欢实践的人。比如一块镜子的精度有问题，不能达到理想目标，如何把这个误差逐步缩小到小得不能再小，就不是仅靠机器可以做到的，非要人工不可，手脑并动才能做出来。

> 我们是搞工程的，不是靠文献、资料之类的东西，或是动动笔杆子、开动开动机器，就万事大吉了，这是不行的。你要拿出东西让人家可以用上，可以解决实际问题。①

潘君骅常常为了研究需要，自己想办法设计一些仪器，比如他的很多光学检测系统都是自己设计的。在他苏州大学的实验室里，有一些仪器外面是看不到的，很多工厂和研究机构也看不到，因为那些都是潘君骅自己设计加工出来、供自己使用的。

> 他做得东西太多了，他的办公室里面都是他搞光学非球面的机器，包括给中科大的。中科大同步辐射有些镜子很特别，现在叫自由曲面，在潘老师书里叫超环面。书里有一章就叫超环面的制造……②

潘君骅很多事情都是亲力亲为，动手能力特别强。这种动手能力不仅是在工作中，工作外同样如此。他的同龄人、跟他一起工作的人都非常佩服他这点。

遇到困难，他总是能够想办法去克服，虽然看上去那些办法都是土办法，但是不管是土办法还是洋办法，能解决问题就是好办法。潘君骅习惯用简单的办法去解决高难的问题，这才是真正的创新。研制 2.16 米天文望远镜时，潘君骅就是凭着他的很多土办法解决了不少技术问题。这个方法多么复杂、多么科学、多么奥妙是次要的，能不能用最简单的办法解决问题才是最主要的，这是潘君骅的指导思想。

---

① 胡建军访谈，2014 年 10 月 16 日，苏州。资料存于采集工程数据库。
② 朱永田访谈，2015 年 3 月 30 日，南京。存地同①。

光学全才　最具工程概念

光学加工与光学检验、光学设计密切相关，光学检验和光学设计各方面都深入进去才能把光学加工做好。在这二者中，检测不到位就没办法继续加工，检测是一定要放在加工前面的。因此，可以说光学检测方法是制作精密光学仪器的根本。

潘君骅的独到之处就是他的检测手段，他在这个方面的功底深厚。检测时有一些器件不是现成的东西，要自己来做。若要检测某个产品，可能先要自己动手做一个检测器件来达到目标，光学检测难就难在这里。早在20世纪60年代，潘君骅在长春光机所技术光学研究室（11室）的检验组工作，从那时起他就一直在积累光学检测的经验和探索其可操作的检测方法，但他又不限于光学检测。从潘君骅的特长来看，他是一个典型的搞光学的人，比较全面，工艺、检测、设计都行，而且各个方面随着他年龄的增加都日臻完善[1]。正如他的著作题名那样《光学非球面的设计、加工和检验》，从光学设计到加工和检验，他胜任全过程，这是他的优势。

王大珩曾说过：潘君骅是最具有工程概念的光学专家。从事应用光学、光学工程，要有工程概念，所谓工程概念就是说他设计的东西不仅要考虑到怎样设计，设计再好不能制造也只是纸上谈兵；还要考虑到根据当时加工制造水平能够做出来、能够实现它。

潘君骅的很多工作最后在技术、工程和具体的应用领域都实现了。他做一件事会从头到尾都考虑到，而不光是设计。有的人可能发表了很多文章，但那些文章并没有在实际中实现。

我们来的时候正在做2.16米天文望远镜的光学总调试，调试工作当时在中国还没有非常规范的标准。做大望远镜要有集成测试中心，利用各种条件来集成望远镜，位置就在大门口，当时这个车间不是为这个事盖的，车间很多条件都不具备，不是一个非常好的调试望远镜

---

[1] 干福熹访谈，2014年11月8日，上海。资料存于采集工程数据库。

的车间。那时候潘老师的主要精力在望远镜上,1986年,他也快60岁的人了,望远镜高度有二三十米高,他都是亲自动手到现场调试,经常爬上爬下的,很辛苦。他爱人丰老师说,潘老师头发都白了,就是调2.16米天文望远镜累的。做望远镜的确花了他很多心血。那时候没有条件,全靠自己创造条件把望远镜装调好。①

不仅是装调,正常使用后的维护同样需要潘君骅的智慧和光学技能。

1995年秋天,我和潘老师去兴隆台去做观测,当时发现红区成像不如蓝区,我们就是为了解决这个问题而去的。潘老师根据经验判断应该是哪个光学元件有问题,当时怀疑两个硬件可能出问题,一个是准直镜,因为我们是冬天安装的,冬天跟夏天有温差,冬天金属收缩得厉害,玻璃膨胀系数小,很可能准直镜被压变形了;另一个是棱镜,棱镜比较大、也比较重,加工时也有可能出问题。后来先把准直镜卸下来,检查是否变形;然后检查棱镜。因为现场没有专门的检测设备,要找出有问题的光学元件,以往可能都要拆回来再一个一个查,很费事。而潘老师非凡的智慧或者说他的技能发挥作用就不一样了。他拿出来棱镜,现场搭光路检验,用刀口仪测出是红区棱镜变形,然后把它搬到车间进行维修。因为棱镜一面厚一面薄,磨的时候磨盘重,磨的一面容易变形,怎么磨棱镜、怎么样设计支撑等都是潘老师亲自做的。棱镜磨好后装回去,问题就解决了。②

低调务实 淡泊名利

在潘君骅身上,老一辈科学家低调不张扬、务实求真的品德特征十分明显。他非常谦虚,从来不宣传自己。说到专业问题,他侃侃而谈,但是说到工作贡献,他总是提及别人的功劳。比如说光学测试专业委员会,他

---

① 朱永田访谈,2015年3月30日,南京。资料存于采集工程数据库。
② 同①。

一再强调是陈进榜的努力,而自己没做多少事情。又如216项目,他也一直说这是个大工程,是很多人努力的成果。对学生、对身边的同行,他从来不讲他的过去。

潘君骅为人没有架子,非常平易近人,无论是跟科研人员还是跟工人都很亲近,凡是搞光学的工人都非常崇拜他。有的科研人员愿意在计算机上画图分析计算,不愿意到车间去。潘君骅则认为所谓做工程,要注重动手能力。他经常去生产第一线,工人也常有机会向他请教,他也是耐心地一一解答。无论是年轻时还是80岁以后,潘君骅都坚持凡事亲力亲为,从来不当甩手掌柜,不会把研究工作全交给学生、助手去做。

对于申报院士一事,开始潘君骅总觉得很不容易。1995年,南京天仪中心按手续办了一次上报,没有通过,潘君骅也不在意。1997年,薛鸣球鼓励他再报,第一轮通过了,第二轮差一点,还是没过。潘君骅仍然没往心里去。1999年再报,这次总算通过了。潘君骅淡然处之。其实,潘君骅一直不是太在乎院士这个荣誉。院士只是一个荣誉,是虚的;而学术贡献和技术产品是大家都能看得见的,是实实在在的。他觉得够院士条件而没有评上的大有人在。比如,以前的同事王乃弘,潘君骅总觉得王乃弘完全够院士条件,可是他到广州去办公司一着棋走错了,他根本不是办公司的料。他很替王乃弘惋惜。

潘君骅在别人的鼓动下也曾想搞个公司,然而注册、财务、办执照等手续问下来一头雾水,觉得自己不合适做这些事,就果断放弃了。潘君骅的同行韩昌元这样说:

> 给别人做一些应用项目,他(潘君骅)的要价总是很低。他可以不计成本地帮助别人解决技术问题,问题的解决对需要的人来说是非常重要的,尤其是一些军方项目。潘先生完全可以通过这种方式去挣很多的钱,但是他不这么做,他要的经费基本上就是一个成本价,他享受的也是解决问题的乐趣而不是挣钱。这是他的个人特点,也能看出一个人的人品。[①]

[①] 韩昌元访谈,2015年5月21日,长春。资料存于采集工程数据库。

心系国家　技术不保留

只要是科技工作发展需要的，只要是国家需要的，不管是哪个单位的事情，潘君骅都尽职尽责去做。

潘君骅对国家事业兢兢业业的思想是根深蒂固的。在潘君骅眼里，不管是光电所或某个单位有需求，那就不是某人的事情，而是国家的事情，国家的事情他就得处理，辛苦也好，劳碌也罢，都得去完成。

1986 年，张礼堂所在的光电所还在大邑县雾山乡里，非常偏僻。有一台调整产品用的平行光管遇到技术问题，想请潘君骅帮助解决，顺便给刚毕业的大学生讲一讲非球面的问题。张礼堂记得：

> 他很痛快地答应，高高兴兴地来了。他来以前，他们那的厂长曾嘱咐他掌握一点分寸，技术上的有些东西不要和盘托出都给人家了。可是他不考虑这些问题，认为培养年轻人，知道什么就给他们讲什么。[1]

为了这次非球面相关技术的授课，潘君骅做了充分的准备，撰写了详细的课程计划，精心备课[2]。

光学加工方面有很多是技术秘密，行内叫作 know how。一般来说，加工检测有一些技术也会保密，因为这和传统工艺一样，属于工艺问题。但潘君骅从不保守，不管是本单位的，还是外单位的，只要你主动向他请教，他都热情、诚恳地倾囊相授。非球面技术是潘君骅的"绝活"，他从一开始就大方拿出来跟大家共享，20 世纪 80 年代他就在成都光电所、长春光机所等单位讲学，讲非球面技术的应用与加工等。除了中国科学院，他还和空间技术研究院五院等外单位合作，通过项目合作的方式传授使用光学非球面技术进行光学加工的技巧与诀窍。潘君骅在技术上一点都不保留，如此胸襟和气度让同行们都心生敬佩。

---

[1] 张礼堂访谈，2014 年 3 月 17 日，成都。资料存于采集工程数据库。
[2] 1986 年赴成都光电所讲课时的讲义。存地同[1]。

附录一　潘君骅年表

1930 年
10 月 14 日，出生于上海吴淞，祖籍江苏常州。

1932 年
举家迁居浙江嘉兴，住在南门徐家埭，随后搬入北门秀城桥附近新居。

1934 年
入读嘉兴中学附小的幼稚园。

1935 年
入读嘉兴中学附小。

1937 年
暑，读完小学二年级。

卢沟桥事变后，举家离开嘉兴，前往莫干山。

1938 年

嘉兴沦陷之前全家逃难到莫干山,在山上读完小学三年级。

秋冬,得知嘉兴住所被日军占领,举家搬到上海,租住在上海法租界善钟路和兴里 10 号的三层楼内。转学到私立正志小学,读四年级。

1941 年

私立正志小学六年级毕业。

秋,入读上海京江中学,念初一。年底,太平洋战争爆发,京江中学关闭。

1942 年

春,转学到上海博文中学,读初一下学期。

秋,全家迁往浙江安吉县小村,插班入武康县立初中二年级。

1943 年

夏,武康县政府决定将武康县中和武康卫生院从安吉县的小村搬回武康县境内的莫干山,全家也随着搬上山。

秋,在武康县立中学读初三,校址设在原"工部局"的房子里。开始主动学习,为躲避干扰,在屋顶自学。

1944 年

夏,初中毕业,入读孝丰县章村中正中学。

1945 年

春,中正中学停办,失学在家自学。

8 月,日军投降后,全家迁回嘉兴。

1946 年

春,插班到嘉兴私立秀州中学读高中一年级下。

夏，转学考入浙江省立嘉兴中学读高二。

获得翻译家、专业工程师吴寿彭设立的专项奖学金。

1948 年

夏，在嘉兴中学毕业，未考取理想大学。

秋，入读同济大学预科班。

1949 年

春，在上海南洋模范中学高三丙班插班旁听复读。

9 月，被清华大学机械系录取。

10 月 1 日，参加开国大典。

修习"普通物理实验"等七门课程。

参加清华大学的天文学习会，对天文观测产生兴趣，并利用课外时间进行天文学习和磨镜片。

1950 年

暑假回嘉兴，自制低倍数的伽利略望远镜并用于观测。

朝鲜战争爆发后，随机械系的学生一起去长辛店宣传抗美援朝，并到石油管理局进行描图。

修习机械原理、工程热力学等课程。

1951 年

听取清华大学天文学习会系列读书报告及特邀报告。自学彗星等天文学知识并记录读书报告，参观东城观象台。

修习机械设计原理、内燃机等课程。

1952 年

修习机械设计原理、制图等课程。

得知这届学生将提前一年毕业，毕业前填表志愿去筹备中的中国科学院仪器馆。

7月，从清华大学机械工程学系毕业。

8月20日，清华大学机械工程学系毕业生与师大女附中高二同学在北京劳动人民文化宫联欢。

8月，到中国科学院院部报到，参加临时学习班，历时两个月。

10月26日，抵达中国科学院长春仪器馆。分配到机械研究室，先在技校讲授金工及代数两门课程。后被调回机械研究室，一边教学，一边进行仪器的改造和仿制工作。

1953年

继续进行仪器的改造和仿制工作，包括炮队镜改经纬仪、沼气检定仪、气体流量计、意大利经纬仪等。

1954年

修复青岛观象台小赤道仪镜筒。

修复青岛观象台小赤道仪镜筒的事迹被拍成新闻简报宣传。

1955年

春，脱产学俄文。

1956年

2月，与钟奖生一起到北京西郊宾馆参加国家十二年科学发展规划辅助工作，做俄文翻译。

5月，接到长春仪器馆的通知，将被派到苏联学习。

6月中旬，结束俄文翻译工作。

夏，与干福熹一起到北京集中突击学俄文。

9月2日，坐火车从北京出发去苏联，10日到达莫斯科。

9月15日，到达列宁格勒，赴普尔科沃天文台学习，攻读研究生，学习天文光学，导师是马克苏托夫通讯院士。

10月1日，从城里"科学家之家"宿舍搬到普尔科沃天文台宿舍，住44号房间。

11月20日，上午听彭真市长在列宁格勒给留学生做的报告。下午，给人大代表团龙云、程潜等部分团员参观普尔科沃天文台时做翻译。晚上，代表团在城里剧院看芭蕾舞"泪泉"，陪程砚秋在包厢看剧并翻译。

1957年

1月5日，找尼·尼·米赫尔松制订学习计划，包括修习天文光学、天文光学工艺、俄语、自然辩证法和历史辩证法以及出差克里米亚天文台、仪器工厂等。

2月1日，随中国科学院代表团成员张作梅及程世祐到列宁格勒大学参观数学力学系实验室。

3月26日，《列宁格勒真理报》登消息，提到中国研究生潘君骅、朱靖、林祖镶显示出很好的结果。

10月1日，作人卫人工观测演习。

10月，苏联发射世界上第一颗人造卫星，参加了普尔科沃天文台组织的人工观测。获得天文台颁发的积极观测者证书以及一枚纪念章。

11月19日，为于光远等中国科学院访苏代表团等一行四人参观天文台时担任翻译。

12月7日，陪王大珩参观国家光学研究所及国家光学机械厂。

进行论文研究工作，题目是《大望远镜二次凸面镜的检验》。

1958年

3月31日，因参加苏联第一颗人造卫星上天目视视察，获得苏联科学院天文委员会颁发的奖状。

暑期，与中国科学院研究生到列宁格勒郊区的集体农庄劳动。其间，接到通知去参加在莫斯科举行的第十届国际天文学大会。

在莫斯科大学参加国际天文学大会。

利用自己新发现的检验方法，亲自磨制普尔科沃天文台制造中的PM700望远镜（6米望远镜的模型镜）凸面镜。后被实际应用于苏联6米望远镜凸面副镜的制造上，解决了天文台以及苏联加工厂的重要问题，该方法被苏联专家称作"潘氏法"。

1959 年

1月13日，做研究生第二次中期报告，导师满意。

长春光机所龚祖同、李明哲、邓锡铭三人到苏联国家光学研究所及普尔科沃天文台访问。携南京工学院设计的2.16米天文望远镜全套图纸向苏方请教。帮助翻译。

与留苏实习生丰明媛在列宁格勒结婚。

1960 年

4月1日，在《天文学报》发表《检验反射望远镜中二次凸面镜表面形状的新方法》，这是其发表的第一篇学术论文。

6月17日，在苏联科学院天文总台学术委员会公开会议上进行答辩，论文题目为《望远镜副镜及其面形检验的光学方案》。

6月23日，《中国青年报》和《北京日报》报道其在苏联学习取得成绩、获得苏方好评的事迹。

7月下旬，获得苏联列宁格勒普尔科沃天文台副博士学位，离开列宁格勒，途径莫斯科回国。

8月初，回到北京。集中学习后回到中国科学院长春光学精密机械研究所，参加研制大型电影经纬仪。

为60厘米中间试验望远镜进行光学设计。

在《普尔科沃天文台台刊》上发表俄文论文《反射望远镜光学系统的研究》。

为WFD-J3双光束自动记录红外分光光度计中的离轴抛物面反射镜及椭球面镜进行加工，并设计磨镜机床，提出用阴影法检验。

1961 年

积极投入大型电影经纬仪的光学技术基础建设及大型光学件的研制,同时进行非球面技术在光学仪器中的应用研究。协助研制砷化镓半导体激光器。

研制刀口阴影检验仪、设计广角光源,并在长春光机所讲授原理和使用方法。

1962 年

1 月 25 日,参加在长春召开的新产品鉴定会议。

夏,为上海照相机厂检测该厂的照相机镜头。

1963 年

指导哈尔滨工业大学的学生进行毕业设计。

1964 年

2 月 5 日,初次实现半导体砷化镓正向 p-n 结的复合受激发光。

4—5 月,在吉林做砷化镓通话试验。

7 月,与王乃弘等合作的《半导体砷化镓的受激发射》发表于《科学通报》。

1965 年

6 月 19 日,参加中科院下达的 541 工程,长春光学精密机械研究所承担其中的位标器研制,担任课题组副组长。

6 月 23 日,建议组织红外技术研究工作。

根据响尾蛇导弹位标器原理及图纸,设计、制造 541 位标器,设计并制造其测试用马克苏托夫式平行光管。

准备 150 鉴定的有关工作。

赴西安、洛阳等地调研,回京后受到中国科学院张劲夫副院长的接见。

用三级象差理论讨论了由两个二次曲面反射镜组成的、主要是天文望远镜的光学系统，导出了各种联合消象差的条件。

1966 年

2 月末，赴北京参加 541 第四次分组会议。

上半年，设计并加工 541 八角锥形光学整流罩，做了两个。

6 月初，被当作修正主义苗子、资产阶级反动学术权威，在 541 组无法继续工作。

1967 年

3 月 21 日，参加 651 方案讨论。

7 月 3 日，龙射斗电话告知，南京华东光学仪器厂要其去南京帮助研制夜视仪的非球面校正板。

7 月 15 日，与黄万如赴华东光学仪器厂。至 8 月上旬，磨出 3 块校正板。

8 月 11 日，与姐姐及其小孩离南京，同去上海转嘉兴。

9 月 9 日，接黄万如、周宗禄电报，说非球面校正板加工有困难，希望速去。

10 月 4 日，离嘉兴，11 日到华东光学仪器厂为其解决 200mm 平行光管。11 月 13 日做好平行光管。

11 月 15 日，离南京，17 日返回到长春。

12 月 7 日，305 所（光机所）实行军管。

1968 年

3 月 30 日，六院来人接收 541 资料及装备。

5 月 8 日，西安光机所赵双进等人与其商谈马克苏托夫系统的装调问题。

8 月 5 日，三中队"群众专政指挥部"带人到家里搜走一些文字材料，并将其带到大楼隔离。

1969 年

4 月 5 日，被放回家。

被分配到光学车间（二中队）劳动。

1970 年

作为运动对象不断被批斗。

政治压力未消除，研究非球面技术，进行非球面加工的研究试验。

1971 年

多次参加 651 任务 19 单元和 37 单元的方案讨论。

为研制太阳模拟器，进行椭圆反射聚光罩等计算和推导。

思考非球面自动机构并进行分析计算。

1972 年

任光学车间技术革新组组长，研制激光球面干涉仪并制作成一台大型光学测厚仪。为输电供电部门设计制造了遥测高压线接头温度的红外测温系统的镜头及仪器。

中国科学院国家专项计划 2.16 米天文望远镜的研制工作被重新提上日程。

1974 年

3 月，2.16 米天文望远镜的研制工作主体工程重新恢复，中科院下达任务书。

5—9 月，到天津小站五七干校学习、劳动。

10 月 8—18 日，赴广西南宁参加全国长度计量及精密测试经验交流会。会上介绍激光球面干涉仪。

1975 年

经中国科学院下文，担任中国第一台工程最大的 2.16 米反光望远镜研制的技术总体组组长和本体题目组组长。

6月,天文界从民主德国蔡司厂进口1米口径的天文望远镜作为贸易补偿,被中国科学院调去参加订货谈判。

1976年

1月9日,与王乃弘同去沈阳松林机器厂解释541位标器图纸技术问题。

7月,参加60厘米中间试验望远镜会诊,解决了望远镜观测时出现的爬行现象。

参加2.16米天文望远镜研制机械机构审查会与60厘米中间试验望远镜总结等会议,负责总体组会议,对镜架变形问题进行讨论。

1977年

赴民主德国蔡司厂验收1米R-CC天文望远镜。

7月16日,2.16米天文望远镜折轴分光仪研制启动,被任命为组长,副组长为蒋世仰、陈捷光。

6—8月,进行2.16米天文望远镜北基墩的设计计算、镜筒和杆对北基墩的防撞设计、计算与求解、绘制图纸,并提出2.16米天文望远镜研制工作北基墩防撞方案。

10月28日—11月21日,与王大珩、唐九华、林祥棣等赴联邦德国考察,参观了在联邦德国光学工业中具有代表性的Zeiss、Leitz、Heidenhain、Schott和Möller五家工厂以及PTB标准局、麦克斯普朗克普研究所、斯图加特大学、DESY研究所等单位。

1978年

8月,当选为中国天文学会第三届理事会理事、中国天文学会天文仪器组副主任。

秋,赴成都参加全国第一次光学会议。

负责研制的激光球面干涉仪获中国科学院重大科技成果奖。

1979 年

8 月，参加光学仪器学会在上海的筹备会议。

11 月，组织进行大平面光栅光谱仪研制方案工作。

12 月，组织进行阶梯光栅光谱仪方案工作。

被聘为中国仪器仪表学会光学仪器专业委员会、中国光学学会工程光学专业委员会首届委员。

1980 年

1 月 7—12 日，赴美国亚利桑那州参加由基特峰天文台主持召开的九十年代光学及红外望远镜会议，参观美国国家天文台。回国途中，与姜文汉一起参观夏威夷山上的 CFH 望远镜。

2 月 22 日—3 月 20 日，作为团长与"216"折轴分光仪组的蒋世仰等七人赴澳大利亚专程调研"216"折轴分光仪方案。回国后提出放弃平面光栅摄谱仪而改为研制折轴阶梯光栅摄谱仪。

5 月，从长春调往南京天文仪器厂，任研究员。主持 2.16 米天文望远镜及分光仪的研制工作。

年底，在长春光学精密仪器研究所接待来访的法国国家理论与应用光学研究所所长马尔夏尔教授，担任授课翻译。

赴成都中科院光电技术研究所讲授两镜系统设计、现代天文望远镜的非球面技术等。

1981 年

1 月 31 日，提出了两种产生常用非球面的机构原理，《产生非球面的新机构原理》发表于《天文学报》。

3 月，216 分光仪研制任务正式转给南京天文仪器厂承担，担任负责人。

8 月 27 日，南京天文仪器厂首届技术委员会成立，担任副主任委员。

1982 年

3月15—18日，当选为中国天文学会第四届理事会常务理事。

6月，被聘为《天文学报》编委。

7月，参加中国科学院技术科学部在上海举办的光学非球面加工技术交流研讨会。

撰写的《我国的天文仪器工作》被收录于《中国天文学在前进·中国天文学会成立六十周年纪念文集》。

1983 年

担任南京天文仪器厂副厂长，任期至1986年。

9月8—10日，参加在北京召开的中国天文学会天文学名词审定委员会第一次全体会议，当选为委员会委员。

12月29日，长春光学精密机械学院写信告知在其开创性工作的基础上研制的激光球面干涉仪经五机部鉴定通过，评价较好，已投入试生产。

探讨如何计算三镜系统并推导出计算公式，后该方法被广泛使用。

1984 年

4月，参加《天文学名词》的审定。

4月，赴联邦德国参加国际光学会议。

5月，被聘为《光仪技术》编委。

5月，在青岛参加天文学名词审定会，参观青岛观象台圆顶并为其题字留念。

5月8日，参加中国科学院上海天文台学术评议会。

6月，担任中国科学院南京天文仪器厂技术委员会代理主任。

开始研制环面镜。

1985 年

6月25日，被聘为紫金山天文台第二届学位评定委员会委员。

7月5日，被聘为南京天文仪器厂第二届技术委员会委员。

9月11—25日，接待美国亚利桑那大学光学科学中心学者帕克斯来南京访问。

11月12日，参加中国光学学会第二届理事会召开的第二次全体理事扩大会议，在会议上提请理事会审批成立测试、计量专业委员会。

11月，提出战场电视侦察设备望远镜镜头光学系统应使用反射式R-C光学系统来实现。

12月，与55所签订战场电视侦察设备望远镜镜头研制协议。

继续负责216折轴分光仪研制中的光学设计、机械设计和电控等问题研究。

参加天文学名词审定委员会会议。

1986年

4月21日，被聘为天文学名词审定委员会委员。

6月26日，被聘为《光的世界》编委。

上半年，负责2.16米天文望远镜装调工作，装入主镜；招收研究生朱永田等。

7月，负责研制出第一块X光波段环面反射镜，解决了环面镜磨具制造技术，设计出精密工艺和检测方法，成功地磨出了3块镜面。

8月，受中国科学院成都光电技术研究所邀请，赴成都大邑讲授非球面相关技术。

9月，负责2.16米天文望远镜装调工作，进入装光学件阶段。

10月15—19日，参加在南京举办的86全国光学测试学术交流会，受邀做大会报告《从天文光学进展看光学检验的重要性》。

11月3—6日，参加中国科学院数据库筹备处在苏州召开的科学数据库工程"中国光学文献数据库、中国光学镜头数据库"方案论证会。

作为负责人，提出简化折轴摄谱仪方案，包括光栅、结构角的计算等问题。

受中国科学院成都光电技术研究所邀请讲授非球面相关技术。

1987 年

2月7日，在南京天文仪器厂用装调好的216望远镜拍摄到恒星照片。

2月23日，北京天文台"216"工作组开会，决定先研制"216"折轴阶梯光栅摄谱仪。北京天文台和南京天文仪器厂共同成立研制小组，担任组长。

9月23日，被聘为南京天文仪器厂专业技术职务评审委员会主任。

10月5日，参加中国光学学会测试专业委员会在南京召开的成立大会，当选为专业委员会主任。

10月，被中国科学院上海光机所高功率激光物理实验室聘请为客座研究员。

11月，负责研制的"环面反射镜的磨制方法"获得科学技术进步奖三等奖。

12月，讨论分析折轴光谱仪阶梯光栅方案。

被评为1987年度江苏省省直科技系统职业道德建设先进个人。

1988 年

1月13日，获得中国科学院南京天文仪器厂先进工作者称号。

1月21日，获得中国科学院南京天文仪器厂优秀党员称号。

5月3日，被中国科学院南京天文仪器厂新技术开发公司聘为业余技术总顾问。

5月20日，参加战场电视侦察技术鉴定会，研制的望远镜镜头、微光镜镜头通过鉴定。

6月20日，研制成功2.16米天文望远镜，南京天文仪器厂举行出厂仪式，拆装后出厂运到北京天文台兴隆观测站。

8月23日，被聘为中国科学院安徽光学精密机械研究所学术委员会委员。

8月28日，从三级像差理论导出了三镜系统的代数解，推导出消像差条件公式，形成研究论文《具有三个二次曲面反射镜的光学系统研究》并发表于《光学学报》。

10月，折轴光谱仪研制工作开题，重定分光仪方案，作为负责人确定设计任务书，提出主要技术指标。

为"资源1号"卫星研制加工1套双反射镜（R-C系统），作为"资源1号"卫星多光谱扫描仪的主光学系统。

1989年

1月1日，被聘为中国科学院安徽光学精密机械研究所兼职研究员。

1月3日，被聘为《光的世界》编委。

上半年，负责组织光学、机械和电路部分研制人员设计制作折轴光谱仪光学零件图、机械结构图。

6月，被聘为中国光学学会第三届理事会理事。

9月10日，由南京天文仪器厂和北京天文台组成的2.16米天文望远镜安装组进行安装工作。

10月，作为负责人，为508所研制偏轴四米红外准直仪。赴北京天文台兴隆观测进行2.16米天文望远镜调试。

11月13日，研制成功的2.16米天文望远镜在北京天文台兴隆观测站安装调试完毕。由中国科学院院长周光召主持落成庆典活动，望远镜投入试观测。

11月20日，被全国自然科学名词审定委员会聘为天文学名词审定委员会委员。

1990年

1月，被聘为中国天文学会天文学名词审定委员会第三届委员。

2月6日，被聘为《计量测试技术手册》总编辑委员会委员兼光学分册主编。

5月16日—6月11日，访问苏联并重返普尔科沃天文台访问。

11月，被聘为《光仪技术》第四届编辑委员会编委。

被评为1990年度中国科学院优秀研究生导师。

1991年

1月10日，获中国科学院南京天文仪器厂先进工作者称号。

南京天文仪器厂更名为"中国科学院南京天文仪器研制中心"。

7月，与航空航天部508所签订合同，为"资源1号"卫星多光谱扫描仪的主光学系统研制加工两套双反射镜（R-C系统）。

1992年

6月，参加在青岛召开的中国天文学会天文仪器与技术委员会第11届年会并做报告。

9月27日，参与研制战场电视侦察车工作，提出电视物镜改进意见。

1993年

1月25日，获中国科学院南京天文仪器研制中心先进工作者称号。

3月18日，受聘为中国科学院南京天文仪器研制中心光学实业部科技顾问。

3月25日，受聘为中国科学院南京天文仪器研制中心学术委员会委员和专业技术评审委员会委员。

在中国科学院南京天文仪器研制中心退休。

8月1日，被聘为中国天文学会天文学名词审定委员会第四届委员。

8月，参加北京508所有关空军转运站的报告会。

10月7日，赴曲阜师大参加全国光学测试学术会。

1994年

2月，开始为北京理工大学研制口径为200毫米的离轴抛物面镜；同时为921-2详查相机的可见光非球面系统进行光学计算。

4月，专著《光学非球面的设计、加工与检验》出版。

4月，参加在日本京都举办的国际光学会议。

8月，与胡企千等合作为《光学技术手册》撰写第七章"天文仪器"，由机械工业出版社出版。

参加921-2详查相机方案论证评审会、921-2详查相机非球面加工检测方案评审会，提出使用非球面系统。

论文 Design of a Tilted Two-Mirror System 发表于 *Optical Review*。

1995 年

1 月，继续负责 921 相机研制，采用非球面系统。

6 月，与航天工业总公司 508 所合作，为"资源 1 号"多光谱扫描仪主光学装置 R-C 光学系统正样进行加工和检测等工作。

8 月 29—31 日，与朱永田专程到北京天文台兴隆站检验折轴分光仪红区横向色散棱镜。

11 月 1 日，被聘为中国光学学会光学测试专业委员会委员。

1996 年

1 月，开始为中国科学院西安光机所研制 2 米焦距平行光管。

3 月 1—2 日，2.16 米天文望远镜折轴阶梯光栅分光仪通过鉴定，鉴定专家认为该仪器是中国首次利用阶梯光栅的大型天文光谱仪，达到国际同类仪器的先进水平。

5 月，被聘为天文学名词第五届审定委员会委员。

6 月，为 216 望远镜鉴定做准备，包括在兴隆山上进行望远镜装调。

12 月 16 日，2.16 米天文望远镜的研制工作通过验收。

12 月 20 日，被聘为南京光学仪器学会第四届理事会名誉理事。

1997 年

10 月 22 日，被聘为第五届天文学名词审定委员会委员。

12 月，"2.16 米天文望远镜"研制获中国科学院科技进步奖一等奖。

主编的《计量测试技术手册（光学）》由中国计量出版社出版。

为中科院光电技术研究所进行离轴抛物镜系统光学加工。

1998 年

6 月，研制第二代数字化战场电视侦察系统摄像分系统。

12月，主持研制的"2.16米光学天文望远镜"获国家科学技术进步奖一等奖；主持研制的"折轴阶梯光栅分光仪"获中国科学院科技进步奖二等奖。

1999年

1月24日，被聘为中国天文学会第九届天文学名词审定委员会委员。

9月，研究大口径宽视场离轴三反式光学系统，用于航天预警卫星光学遥感器。

11月，当选为中国工程院信息与电子工程学部院士。

在厦门泉州郊外做侦察车野外观察试验。

主持研制的"折轴阶梯光栅分光仪"获国家科学技术进步奖三等奖。

2000年

受聘为苏州大学现代光学技术研究所兼职教授。

3月24日，被聘为国家高技术863-410主题"大口径非球面轻质主镜研制"项目工程总监，主持评审会议，担任评审委员会主任。此后多次参加863-410主题会议，担任指导。

7月，为武汉大学高空大气探测激光雷达的接收望远镜光路进行设计、加工及现场安装与调试。

8月30日，提出用于红外远距离探测的光学应是全反射式的大相对口径、大视场的离轴非球面系统，《大相对口径大线视场光学系统的设计》发表于《中国工程科学》。

11月1日，参加在成都举办的第一届国际先进光学制造与检测学术会议。

12月，研制的"资源1号"红外多光谱扫描仪主光学装置获国防科学技术奖二等奖。

为上海技术物理研究所研制口径为1米、焦距为12米的牛顿式平行光管做准备。

2001年

5月，正式为上海技术物理研究所研制口径为1米的平行光管。

10月23—28日，参加由中国光学学会测试专业委员会主办、在厦门召开的第九届全国光学测试学术讨论会，并做大会特邀报告"凸非球面的检验——光学检验中的难题"。

12月，被聘为国家高技术863-806重大专项专家组顾问。

与南京天文仪器研制中心合作为武汉717所研制长波红外成像仪，并在深圳海关用研制的红外仪做实验。

2002年

5月27日，受中科院紫金山天文台委托，对空间目标成像望远镜的光学系统设计及加工进行技术指导。

5月28日，受聘为中国科学院上海光学精密机械研究所第七届学术委员会所外委员。

6月11日，担任1000/1200近地天体望远镜改正板加工研制项目攻关组技术顾问。

研究大望远镜卡焦R-C系统视场改正透镜的设计，论文发表于《光学精密工程》。

7月，为航天科技集团五院508所研制的一套熔石英材料R-C光学系统反射镜返修加工。

10月14日，在南京调试为上海物理所做的1米平行光管。

10月30日，参加中国天文学会成立80周年纪念大会。

为获得国家科技进步奖三等奖的成果"折轴阶梯光栅分光仪"撰写简介，收录于《中国科学院获国家科学技术奖成果汇编1996—2000年》。

与中科院上海技术物理研究所合作，研制反射光学望远镜系统。

为空间中心软X光镜头工艺进行数据计算。

多次参加国家高技术863-806重大专项专家组会议。

2003年

1月8—9日，作为专家，参加在北京召开的中国科学院2002年度知识创新工程重大创新贡献评估会（国防组）。

1月23日，受紫金山天文台邀请，赴俄罗斯参与谈判并重访留学时所在的普尔科沃天文台。

4月3日，与钱煜、胡建军合作申请专利"一种离轴抛物面镜的制造方法"。

9月7日，与航天科技集团五院508所签订技术开发合同，研制红外侦查光学系统。

10月13日，申请专利"一种科普天文望远镜的光学结构"。

10月25日，发现了一个新的望远镜系统，将其命名为Pan-Cassegrain（泛卡塞格林系统）并获得专利。

2004年

3月8日，被聘为航天科技集团公司五院508所高级顾问。

3月16日，受中国科学院光电技术研究所科技处邀请，到该所就非球面加工工艺和检验技术、中高频面形误差消除和测试技术等进行指导和讲学。

4月，被聘为国家高技术研究发展计划863-806重大专项监理组成员；受航天科技集团邀请参加大型反射镜装调技术研讨会。

5月4日，在山东烟台大学做红外镜头试验。

5月16日，参加在北京508所召开的大型反射镜装调技术研讨会。

10月11日，根据其提出的新原理设计出的CNC-XMF600数控非球面铣磨机达到各项技术指标，磨出镜子并证明原理正确。

11月10日，参加在中国科学院西安光学精密机械研究所举办的龚祖同先生百年诞辰纪念活动。

12月，专著《光学非球面的设计、加工与检验》再版，由苏州大学出版社出版。

12月，与烟台大学光电信息科学技术学院合作进行远距离夜视观察系统研制（含自适应磨盘在非球面加工技术中心的实验）；负责大口径平行光管测试系统研制方案。

2005 年

1月，比较了不同系统制造物镜的技术难点，形成论文《高级爱好者天文摄影用物镜的设计/比较》，被收录于《光学与光学工程·庆祝王大珩先生90寿辰学术论文集》。

1月12日，参加在北京召开的航天侦察发展战略研讨会。

3月，为总装测通所研制短筒平行光管。

9月26日，受中国科学院国防科技创新工作部邀请，对中国科学院紫金山天文台等单位承担的国防科技创新方向性研究项目进行可行性论证评审。

11月，被中国科学院光电技术研究所光束重点实验室聘为第二届学术委员会委员。

12月22日，参加在中科院上海光学精密机械研究所召开的第七届学术委员会暨第四届技术委员会第四次联席会议。

12月25日上午，作为评审专家，在江苏南京参加中科院紫金山天文台科技处组织召开的神州6号空间碎片检测预警项目科技成果鉴定会。

2006 年

5月20—23日，参加在杭州召开的2006年光学测量技术讲座及研讨会，担任大会主席，并做"非球面检测"报告。

6月9日，受中国科学院成都光电所邀请，赴法国验收1.8米望远镜。

6月30—7月2日，参加在南京理工大学召开的第十一届全国光学测试学术交流会暨主任工作会议。

7月22日，受"973"51329项目管理办公室邀请，参加2006年上半年工作检查会。

8月20—23日，参加中国光学学会在青岛市黄岛召开的第十一届光学测试学术交流会。

9月19日，受中国科学院上海技术物理研究所邀请，作为评审专家参加在中科院上海技术物理所举行的红外凝视相机科技成果鉴定会。

10月20日，参加在西安召开的《应用光学》第六届编委会工作会议，担任《应用光学》顾问。

12月，专著《光学非球面的设计、加工与检验》获得第十届江苏优秀图书奖一等奖。

2007年

1月11—13日，参加在香港理工大学举办的亚太光学制造会议2007先进光学技术展望院士高峰论坛。

2月1—3日，受中物院激光聚变研究中心项目管理部邀请，参加在上海召开的神光-Ⅲ原型装置技术总结会议。

3月16日，受中国科学院光电技术研究所邀请，作为鉴定委员会专家，参加在北京应物会议中心召开的"863"项目成果鉴定会。

6月15—17日，参加在江苏扬州举办的天文学名词审定委员会第一次会议暨《海峡两岸天文学名词》工作委员会第二次会议。

7月11日，作为专家，参加在北京自动化大厦举办的中科院知识创新工程重要方向项目"大尺寸钕玻璃连续熔炼工艺及CMP加工工艺研究"可行性论证会议。

7月20日，参加在上海举办的UFO（不明飞行物）科学论坛开幕式，指出对待UFO现象时应该采取严肃的科学态度，应搜集大量观测资料并加以分析。

2008年

3月28日，受上海技术物理所邀请，参加在上海召开的TG-1红外相机主光学系统加工、装校及检测方案评审会。

5月，参加第十二届全国光学测试学术交流会审稿会议暨主任工作会议。

6月2日，受国家天文台邀请，参加在上海天文台召开的"1米口径大视场/激光测距望远镜"设计方案评审会会议。

9月20日，参加在江西南昌召开的第十七届十三省（市）光学学术年会，并做特邀报告《大口径光学系统及相关问题》。

9月26日，参加在哈尔滨工业大学举办的精密测试技术及仪器专家院士论坛。

10月26日，参加为纪念王锡阐诞生380周年举行的天文学研讨会。

11月20—24日，参加在泉州华侨大学举办的中国光学学会2008年学术年会。

12月9日，与中科院空间科学与应用中心合作的"太阳X射线成像望远镜抛物/双曲物镜研制"通过验收。

2009年

1月10日，参加在北京天文馆举行的中国大陆地区2009国际天文年活动启动仪式。

4月，指导光学工程专业博士生胡建军完成学位论文《非球面研制实录》。

4月9日，受中国科学院光电技术研究所邀请，作为验收专家参加在成都召开的1.8米望远镜系统验收会。

10月，为中国科学院建院六十周年题写贺词。

2010年

2月24日，参加国家自然科学基金"大口径离轴非球面镜预应力加工方法的研究"验收会议，并担任验收组组长。

2月25日，获得2009年苏州市科技创新创业市长奖。

3月2日，受中国科学院空间科学与应用总体部邀请，参加在北京召开的载人空间站工程应用任务深化论证会，讨论光学观测平台的可行性。

3月29日，受中国科学院空间科学与应用总体部邀请，作为评审专家参加在北京召开的空间站多功能光学平台方案设计报告评审会。

4月15日，作为鉴定委员会委员，参加中国科学院上海技术物理研究所在上海召开的"FY-3卫星光学载荷辐射制冷系统""FY-3中分辨率光谱成像仪"科学技术成果鉴定会。

4月19日，参加在北京召开的光电系统信息控制技术国家重点实验室学术委员会 2010 年工作会议，对 103 项目开题论证报告进行评审。

4 月 26—29 日，作为大会主席团成员，赴大连参加由中国光学学会、中科院光电技术研究所和美国国际光学工程学会等联合主办的第五届国际先进光学制造与检测学术会议。

7 月 19 日，参加在武汉大学举办的第十三届全国光学测试学术交流会。

8 月 13—15 日，参加在安徽合肥召开的中国电子学会、脉冲功率激光技术国家重点实验室学术交流会等联合学术会议。

9 月 10 日，参加在深圳市气象局在西涌天文台举行的揭牌仪式。

9 月 25 日，南京天文光学技术研究所在南京紫金山庄为其举办八十华诞庆典暨大口径光学非球面技术与应用研讨会。

10 月 9 日，苏州大学为其和薛鸣球举办八十寿诞宴会。

11 月 4—12 日，参加由中国雷达行业协会组织的赴台湾地区考察交流团。

12 月 10 日，受光电信息控制和安全技术重点实验室邀请，在河北承德参加光电信息控制和安全技术重点实验室学术委员会 2010 年度会议。

12 月 15 日，参加在苏州市会议中心举行的纪念苏州市科协成立 50 周年大会。

担任《光电工程》刊物编辑委员会顾问。

2011 年

6 月 21 日，受中国科学院重大专项总体部邀请，参加在上海嘉定举行的光学元器件基地建设生产工艺路线专家讨论会。

7 月 21 日，摄影作品"江西三清山"被评为《院士通讯》优秀书法及艺术摄影作品。

7 月 12 日，被聘为中科院高功率激光物理重点实验室学术委员会第一届学术委员会顾问，参加在太仓举办的中科院高功率激光物理重点实验室成立大会暨第一届学术委员会会议。

9 月 5—9 日，受中国光学会邀请，参加在深圳举办的 2011 年光学大会暨深圳国际光电博览会。

9月10日，为《光学学报》创刊30年撰写回忆文章。

10月16日，参加在上海天文台举行的上海UFO光学信息研讨会。

10月17—21日，受《应用光学》编辑部邀请，在长沙国防科技大学参加《应用光学》第七届编委会暨光电学术研讨会会议。

10月25—28日，受中国工程物理研究院惯约实施管理中心邀请，参加在北京举行的0902工程风险防范研讨会。

10月28—30日，参加在复旦大学召开的2011年高精度自由曲面的设计、制造、检测及应用国际研讨会。

2012年

3月16日，参加南京理工大学召开的中波红外干涉测量系统鉴定会会议。

10月8日，参加母校嘉兴一中举行的建校110周年庆典。

12月7日，参加苏州市科学技术协会第十二次代表大会。

2013年

1月12日，作为上海超精密光学制造工程技术研究中心技术委员会副主任，出席在复旦大学举行的上海超精密光学制造工程技术研究中心会议。

2月，参加0902专项监督评价会议。

5月23—24日，参加成都光电所在西昌举办的10米级望远镜研讨会会议。

6月4—5日，参加"863"重大专项办公室组织的光电成像望远镜课题工作检查与方案评审会会议。

6月28—30日，受中国工程院咨询办公室邀请，参加在北京召开的2013年度国家重大科学仪器设备开发专项技术咨询评议会。

8月3日，参加在上海召开的"973"项目空间光学先进制造基础理论及关键技术研究中期总结会议。

9月23—24日，参加在辽宁盘锦举行的光电信息控制和安全技术重点实验室 2013 年学术年会。

10 月 25—26 日，参加在江苏昆山召开的中国著名天文学家朱文鑫诞辰 130 周年纪念暨天文学术研讨会。

2014 年

1 月 8 日，赴上海参加国家重大科学仪器设备开发项目"相位调制干涉仪关键部件与仪器开发和应用"工作启动会议，担任技术专家组副组长。

10 月 27 日，参加在南昌举办的第十五届全国光学测试学术交流会。

附录二　潘君骅主要论著目录

一、论文

[1] 潘君骅. 检验反射望远镜中二次凸面镜表面形状的新方法 [J]. 天文学报, 1960 (1): 70-79.

[2] 潘君骅. 反射望远镜光学系统的研究 (俄文) [J]. 台刊天文总台普尔科沃, 1960, 21 (165): 152-162.

[3] 潘君骅. 反射望远镜凸面副镜面形检验 w 的新方法 (俄文) [J]. 台刊天文总台普尔科沃, 1961, 21 (169): 123-130.

[4] 潘君骅. 望远镜的种类 [J]. 天文爱好者, 1963 (11): 7-8.

[5] 潘君骅. 望远镜的光学性质 [J]. 天文爱好者, 1963 (12): 10-11.

[6] 王乃弘, 潘君骅, 聂朝江, 等. 半导体砷化镓的受激发射 [J]. 科学通报, 1964 (7): 619.

[7] 潘君骅, 郝沛明. 两个二次曲面反射镜组成的光学系统的一般研究 [J]. 天文学报, 1965 (1): 46-56.

[8] 潘君骅, 张流祥, 徐秀贞. 大口径镜面检验 [J]. 科学仪器, 1965 (9): 417-419.

[9] 潘君骅. 非球面光学工艺 [J]. 科学仪器, 1965 (9): 414-417.

[10] 潘君骅. 大相对孔径凸形非球面的新检验方法 [J]. 科学仪器, 1965 (4): 168-170.

[11] 潘君骅. 波面误差的计算机干涉图补偿 [J]. 光学机械, 1979 (2): 15-19.

[12] 潘君骅. 产生非球面的新机构原理 [J]. 光学学报, 1981 (1): 43-50.

[13] 高必烈, 潘君骅, 李德培. 定量刀口检验研究 [J]. 光学学报, 1983 (7): 593-597.

[14] 潘君骅, 王建国. 用铣磨法加工二次非球面的数学原理 [J]. 光学学报, 1984 (3): 252-256.

[15] 潘君骅. 凸非球面工艺球面的分析解 [J]. 光仪技术, 1984 (3): 48-51.

[16] 高必烈, 李德培, 潘君骅. ϕ2.16 米非球面主镜的二维哈特曼检验 [J]. 光学学报, 1985 (10): 916-925.

[17] 王建国, 潘君骅. 非球面反射镜的弹性变形加工 [J]. 光学学报, 1985 (10): 937-943.

[18] 潘君骅. 掠入射光学复曲面的几何学、加工及检验问题 [J]. 光仪技术, 1986 (4): 11-1.

[19] 潘君骅. 照相机镜头的简易测试方法 [J]. 光的世界, 1987 (2): 20-21, 23.

[20] 潘君骅. 具有三个二次曲面反射镜的光学系统研究 [J]. 光学学报, 1988 (8): 717-721.

[21] 赵培谦, 潘君骅, 蒋世仰. 单天体光纤耦合器的研制 [J]. 仪器仪表学报, 1990 (2): 211-215.

[22] 赵培谦, 潘君骅, 杨世杰. 变折射率透镜在天文仪器中的应用 [J]. 光仪技术, 1990 (2): 1-5.

[23] 潘君骅, 李新南. 反射式施密特望远镜的初步研究 [J]. 天文学报, 1992 (1): 67-74.

[24] 潘君骅, 李新南. 偏轴两镜系统的设计 [J]. 光学学报, 1994 (8):

867-871.

[25] 朱永田，潘君骅. 216折轴分光仪光学系统装调原理及步骤[J]. 光谱学与光谱分析，1997（2）：123-127.

[26] 潘君骅，朱永田. 两非球面反射镜非扫描式软X射线投影光刻系统[J]. 光学学报，1997（12）：1756-1758.

[27] 潘君骅. 关于非球面制造技术的看法[J]. 光学技术，1998（3）：23-25.

[28] 潘君骅. 大相对口径大线视场光学系统的设计[J]. 中国工程科学，2000（8）：89-90.

[29] 潘君骅. 成像光学工程面临的光学问题[J]. 中国工程科学，2000（3）：32-35，41.

[30] 潘君骅. 非球面光学系统设计、加工及检验的综合考虑[J]. 光学技术，2001（6）：566-567.

[31] 钱煜，潘君骅. 一种薄非球面透镜的加工与检测[J]. 光学技术，2001（6）：514-515.

[32] 王欣，潘君骅. 2.4m天文望远镜光学系统的设计及副镜检验的几种可能方案[J]. 云南天文台台刊，2002（2）：41-49.

[33] 潘君骅. 关于大望远镜卡焦R-C系统视场改正镜设计的研究[J]. 光学精密工程，2002（3）：231-234.

[34] 张宝安，潘君骅. 透射凸二次非球面检验方法的研究[J]. 光学技术，2002（4）：360-362.

[35] 钱煜，张宝安，潘君骅. 高空大气探测激光雷达的安装与调试[J]. 光学技术，2002（4）：324-325.

[36] 潘君骅. 大口径红外成像系统的光学设计[J]. 光学学报，2003（12）：1475-1478.

[37] 潘君骅. 一个新的泛卡塞格林望远镜系统[J]. 光学精密工程，2003（5）：438-441.

[38] 邓小丹，潘君骅，窦文斌. 毫米波焦面阵成像视场扩大分析[J]. 电子学报，2003（12A），2013-2014.

[39] Dou W B., Deng X D., Pan J H. Analysis of extending the field-of-view of reverse-microscope imaging system at millimeter-wavelengths [J]. Journal of Electromagnetic Waves and Applications, 2004, 18(4): 469-479.

[40] 潘君骅. 谈谈光学检测的指导思想 [J]. 光学与光电技术, 2004(6): 1-3.

[41] 潘君骅. 推荐一个新的望远镜系统 [J]. 天文爱好者, 2004(12): 40-41.

[42] 胡自强, 凌宁, 潘君骅, 等. 基于 PZT 的非球面能动抛光盘定位误差分析 [J]. 光学精密工程, 2008(9): 1577-1581.

[43] 陶春, 潘君骅, 胡明勇. 一种凸非球面镜补偿检验的新方法 [J]. 光学技术, 2009(1): 123-126.

[44] 胡自强, 凌宁, 潘君骅, 等. 基于 PZT 的非球面能动抛光盘的变形优化 [J]. 光学精密工程, 2009(1): 1-7.

[45] 胡自强, 凌宁, 潘君骅, 等. 非球面变形抛光盘变形能力分析 [J]. 压电与声光, 2010(4): 582-584.

[46] 陆强, 沈为民, 潘君骅, 等. 同轴微波-红外双模天线的光学设计 [J]. 红外与激光工程, 2011(11): 2229-2232.

二、著作

[47] 普里亚耶夫. 光学非球面检验 [M]. 杨力译, 潘君骅校对. 北京: 科学出版社, 1982.

[48] 潘君骅. 光学非球面的设计、加工与检验 [M]. 北京: 科学出版社, 1994.

[49] 潘君骅. 光学非球面的设计、加工与检验 [M]. 苏州: 苏州大学出版社, 2004.

[50] 潘君骅. 计量测试技术手册 光学 [M]. 北京: 中国计量出版社, 1997.

参考文献

[1] [苏] 普里亚耶夫著, 杨力翻译, 潘君骅校对. 光学非球面检验 [M]. 北京: 科学出版社, 1982.

[2]《所志》编委会. 中国科学院长春光学精密机械与物理研究所所志 [M]. 长春: 吉林人民出版社, 2002.

[3] 陈元晖. 中国近代教育史资料汇编洋务运动时期教育 [M]. 上海: 上海教育出版社, 2007.

[4] 邓锡铭. 中国激光史概要 [M]. 北京: 科学出版社, 1991.

[5] 干福熹. 中国近代光学与光电子学发展史 [M]. 上海: 上海科学技术出版社, 2014.

[6] 龚祖同. 60厘米试验天文反射望远镜专集 [M]. 北京: 科学出版社, 1980.

[7] 康静, 李艳平. 中国第一代半导体激光器的研制 [J]. 中国科技史杂志, 2014, 35 (1): 32-40.

[8] 林以勤, 潘君骅. 当年顽童结缘天文光学 [N]. 常州日报, 2011-05-26.

[9] 母国光. 现代光学与光子学的进展——庆祝王大珩院士从事科研活动六十五周年专集 [M]. 天津: 天津科学技术出版社, 2003.

[10] 潘君骅, 李新南. 偏轴两镜系统的设计 [J]. 光学学报, 1994 (8): 867-871.

[11] 潘君骅. 光学非球面的设计、加工与检验 [M]. 北京: 科学出版社, 1994.

[12] 潘君骅. 回忆往事［C］// 中国工程院. 中国工程院院士自述（第二卷）. 北京：高等教育出版社，2008.

[13] 潘君骅. 具有三个二次曲面反射镜的光学系统研究［J］. 光学学报，1988（8）：717-721.

[14] 潘君骅. 推荐一个新的望远镜系统［J］. 天文爱好者，2004（12）：40-41.

[15] 潘君骅. 中国天文光学设备的发展［C］. 干福熹等. 中国近代和现代光学与光电子学发展史，上海：上海科学技术出版社，2014：192.

[16] 施锦昌. 中国现代化天文学的丰碑［N］. 新华日报，1996-12-18.

[17] 苏定强. 2.16米天文望远镜大事记［C］// 苏定强. 2.16米天文望远镜工程文集. 北京：中国科学技术出版社，2001.

[18] 唐廷友. 我国天文仪器的研制基地——南京天文仪器厂简介［J］. 中国科学院院刊，1988（2）：160-162.

[19] 王乃弘，潘君骅，聂朝江，等. 半导体砷化镓的受激发射［J］. 科学通报，1964（7）：733.

[20] 王鹏飞. 《西风》："论语派"后期的新变动［J］. 郑州轻工业学院学报（社会科学版），2005，6（5）：15-17.

[21] 王杨宗. 中国科学院院属单位简史第1卷上［M］. 北京：科学出版社，2010.

[22] 王之江. 红宝石光量子放大器［J］. 物理学报，1964，20（1）：63-71.

[23] 中国工程院学部工作局. 中国工程院院士自述（第2卷）［M］. 北京：高等教育出版社，2008.

[24] 中国科学院国家天文台. 中国科学院北京天文台史（1958—2010）［M］. 北京：中国科学技术出版社，2010.

[25] 周均伦. 聂荣臻元帅纪念集：聂荣臻百年诞辰纪念活动纪实［M］. 北京：解放军出版社，2000.

[26] 朱晶，叶青. 从天文光学爱好者到研究者——我的苏联留学生活［J］. 科学文化评论，2015（5）：103-117.

后 记

  本传记是中国科协"老科学家学术成长资料采集工程"的子课题"潘君骅学术成长资料采集工程"的成果之一。采集小组由六人组成：负责人朱晶（华东师范大学），担任资料采集、访谈及组织协调工作；成员叶青（中国科学院中国现代化研究中心，中国科学院大学）担任研究报告的撰写及北京地区资料的采集工作；刘步青（华东师范大学博士生，现为南京医科大学教师）和毛航天（华东师范大学硕士生，现工作于上海建工集团股份有限公司）担任资料采集中的音视频和图像处理工作以及苏州大学的档案采集；高烨（华东师范大学硕士生，现工作于华东师范大学出版社）和魏宇（华东师范大学硕士生，现于北京大学哲学系攻读博士）负责资料的整理和数字化等工作。此外，中国科学院大学的胡晓菁、中国科学院长春光机所的景红薇、中国科学院档案馆的吴春明等也先后为采集工作提供了资料上的帮助。没有小组成员的通力协作和许多人的帮助，很难想象采集任务能够顺利完成。

  课题于 2014 年 3 月启动，采集小组成员经过扎实培训后开始工作，经过一年多的努力，于 2015 年 7 月提交采集资料，2016 年 8 月完成传记撰写，近期即将迎来结题验收。

  采集的主要任务有访谈、采集资料和撰写传记三部分，每一项工作都完成得不容易。正式和非正式的访谈进行了三十几次，访谈地点包括苏州、南京、长春、合肥、北京等；采集、整理和扫描资料更是历时一年多，传记撰写的工作量及其难度也远远超出了我之前的预期。潘先生的求学经历是从南到北，工作的轨迹又从北到南，在一年多的时间里，采集小组追随潘先生当年学习和工作轨迹走了不止一遍，用心领略了潘君骅先生一生的美丽华章。

潘先生在学术上硕果累累，他本人还保持写日记和做工作笔记的习惯，且用心保留资料并存放有序，他的这一好习惯给我们的采集工作提供了极大的便利，也增加了采集的工作量，有大量的资料需要我们按照采集工作的标准去整理、辨识、挖掘和研究。在整理潘先生的各类资料时，我们不时感动于潘先生求学道路上的艰辛与勤奋、治学道路上的严谨与求真。

在对潘先生的数次拜访以及电子邮件往来中，我们真切感受到潘先生严谨认真的人生态度、实事求是的科学精神以及质朴真诚的爱国情怀。在资料整理和传记写作过程中，潘先生耐心且细致地帮我们鉴别资料、查找资料来源，根据日记、工作笔记等逐一核对几十年前的人和事，其细致和认真让采集小组的每一个成员震撼并被深深打动。与潘先生较多接触的这两年时间里，很多细节难以忘怀：这位八十多岁的老先生每次都热情地招呼我们；谈话之前总是做好了充分的资料准备，每次访谈都非常高效；工作时间长了，老先生会贴心地留出他的办公室给我们午休；工作晚了，总要请我们去学校食堂吃饭，老人健步如飞，我们则紧紧跟随；更难忘他始终认真、细致地做每一件事情，默默地关心和爱护身边的每一个人。潘先生踏踏实实做事、认认真真做人的风格使我们深受教益！

传记的撰写过程中，我先拟出结构框架，听取潘先生的意见进行修改补充；之后，我和朱晶多次对撰写思路和一些具体问题进行探讨，包括她在美国访学期间也不时被我各种细节问题骚扰。朱晶带着采集小组默默承担了大部分的采集工作，也对传记的撰写做出了很大的贡献，包括补充大事年表、主要论著目录等琐碎事务。本书的完稿凝聚了许多专家的心血，在此谨向张藜、吕瑞花、熊卫民、张利洁等诸位表示衷心感谢！

成书仓促，兼笔者学力所限，书中难免仍有不足之处，概由本人负责。也期望借此得到大家的批评指正。

叶 青

2016 年 10 月 26 日

老科学家学术成长资料采集工程丛书
已出版（100种）

《卷舒开合任天真：何泽慧传》　　　《此生情怀寄树草：张宏达传》
《从红壤到黄土：朱显谟传》　　　　《梦里麦田是金黄：庄巧生传》
《山水人生：陈梦熊传》　　　　　　《大音希声：应崇福传》
《做一辈子研究生：林为干传》　　　《寻找地层深处的光：田在艺传》
《剑指苍穹：陈士橹传》　　　　　　《举重若重：徐光宪传》

《情系山河：张光斗传》　　　　　　《魂牵心系原子梦：钱三强传》
《金霉素·牛棚·生物固氮：沈善炯传》《往事皆烟：朱尊权传》
《胸怀大气：陶诗言传》　　　　　　《智者乐水：林秉南传》
《本然化成：谢毓元传》　　　　　　《远望情怀：许学彦传》
《一个共产党员的数学人生：谷超豪传》《没有盲区的天空：王越传》

《含章可贞：秦含章传》　　　　　　《行有则　知无涯：罗沛霖传》
《精业济群：彭司勋传》　　　　　　《为了孩子的明天：张金哲传》
《肝胆相照：吴孟超传》　　　　　　《梦想成真：张树政传》
《新青胜蓝惟所盼：陆婉珍传》　　　《情系梁菽：卢良恕传》
《核动力道路上的垦荒牛：彭士禄传》《笺草释木六十年：王文采传》

《探赜索隐　止于至善：蔡启瑞传》　《妙手生花：张涤生传》
《碧空丹心：李敏华传》　　　　　　《硅芯筑梦：王守武传》
《仁术宏愿：盛志勇传》　　　　　　《云卷云舒：黄士松传》
《踏遍青山矿业新：裴荣富传》　　　《让核技术接地气：陈子元传》
《求索军事医学之路：程天民传》　　《论文写在大地上：徐锦堂传》

《一心向学：陈清如传》　　　　　　《钤记：张兴钤传》
《许身为国最难忘：陈能宽》　　　　《寻找沃土：赵其国传》
《钢锁苍龙　霸贯九州：方秦汉传》　《虚怀若谷：黄维垣传》
《一丝一世界：郁铭芳传》　　　　　《乐在图书山水间：常印佛传》
《宏才大略：严东生传》　　　　　　《碧水丹心：刘建康传》

《我的气象生涯：陈学溶百岁自述》　《我的教育人生：申泮文百岁自述》
《赤子丹心 中华之光：王大珩传》　《阡陌舞者：曾德超传》
《根深方叶茂：唐有祺传》　《妙手握奇珠：张丽珠传》
《大爱化作田间行：余松烈传》　《追求卓越：郭慕孙传》
《格致桃李伴公卿：沈克琦传》　《走向奥维耶多：谢学锦传》
《躬行出真知：王守觉传》　《绚丽多彩的光谱人生：黄本立传》
《草原之子：李博传》

《宏才大略 科学人生：严东生传》　《探究河口 巡研海岸：陈吉余传》
《航空报国 杏坛追梦：范绪箕传》　《胰岛素探秘者：张友尚传》
《聚变情怀终不改：李正武传》　《一个人与一个系科：于同隐传》
《真善合美：蒋锡夔传》　《究脑穷源探细胞：陈宜张传》
《治水殆与禹同功：文伏波传》　《星剑光芒射斗牛：赵伊君传》
《用生命谱写蓝色梦想：张炳炎传》　《蓝天事业的垦荒人：屠基达传》
《远古生命的守望者：李星学传》

《善度事理的世纪师者：袁文伯传》　《化作春泥：吴浩青传》
《"齿"生无悔：王翰章传》　《低温王国拓荒人：洪朝生传》
《慢病毒疫苗的开拓者：沈荣显传》　《苍穹大业赤子心：梁思礼传》
《殚思求火种　深情寄木铎：黄祖洽传》　《仁者医心：陈灏珠传》
《合成之美：戴立信传》　《神乎其经：池志强传》
《誓言无声铸重器：黄旭华传》　《种质资源总是情：董玉琛传》
《水运人生：刘济舟传》　《当油气遇见光明：翟光明传》
《在断了A弦的琴上奏出多复变　《微纳世界中国芯：李志坚传》
　　最强音：陆启铿传》　《至纯至强之光：高伯龙传》
《弄潮儿向涛头立：张乾二传》　《材料人生：涂铭旌传》
《一爆惊世建荣功：王方定传》　《寻梦衣被天下：梅自强传》
《轮轨丹心：沈志云传》　《海潮逐浪镜水周回：童秉纲口述
《继承与创新：五二三任务与青蒿素研发》　　人生》